THREAD

만드는 사람

CEO 이연대
특장
메타세쿼이아 나무지만
출근 시엔 씨앗으로 몸을 숨김

Director 신아람
특장
위급할 때 직각표기에서 빛이 남

Senior Editor 이현구
특장
집과 헬스장과 회사를 잇는
땅굴 보유 중

Editor 이다혜
특장
어메!라고 외치면
반경 1km까지 들림

Editor 김혜림
특장
고민할 때 수염을 쓰다듬지만
수염이 없음

Editor 정원진
특장
수년 전 귀로 날 수 있는 방법을
터득했지만 비밀을 숨기고 있다

Lead Designer 김지연
특장
백화점 화장실을 좋아함
_ 표지 디자인 및 만화

Designer 권순문
특장
술을 마시면 끝까지 가는 타입
(주량: 와인 한 잔) _ 내지 디자인

Operating Mgr 조영난
특장
늘 먹고 있지만 늘 배고파함

Community Mgr 홍성주
특장
가시로 오해 받지만 사실은 털

Community Mgr 강경민
특장
두려운 상황에서 쏙 숨어버림
나설 땐 맞장서서 나섬

Intern 이주연
특장
절벽 위보다 빌딩 옥상을 좋아한다

《스레드》는 북저널리즘 팀이
만드는 종이 뉴스 잡지입니다.
이달에 꼭 알아야 할 비즈니스,
라이프스타일, 글로벌 이슈의
맥락을 해설합니다.

스레드에 수록된 글과 그림을
이용하려면 반드시 저작권자와
㈜스리체어스의 동의를 받아야
합니다.

THREAD ISSUE 8. CHAT

발행일 2023년 1월 1일
등록번호 서울중, 라00778
발행처 ㈜스리체어스
주소 서울시 중구 한강대로 416 13층
홈페이지 www.bookjournalism.com
전화 02 396 6266
이메일 thread@bookjournalism.com

THREAD

목차

2023년의 1월입니다. 《스레드》를 찾아주신 여러분 환영합니다. 이번 호에는 어떤 이야기들이 우리를 기다리고 있을까요?

> ↳ 저흰 딱딱한 업무 메세지 사이에도 개그를 칩니다. 쿠션어이긴 하지만… 어려운 일을 쉽게 만들기도 하고, 무엇보다… 웃겨서 좋더라고요. 아이 메세지에 전송된 우리의 잡담과 개그를 그려 봤어요.

안전한 모험 _ 13p
한 발짝을 잘못 내디디면 끝도 없이 추락할 것만 같은 불안감, 완벽한 결과로 나의 능력을 매 순간 증명해야 한다는 스트레스는 무의미한 것들의 미덕을 쉬이 지워 버립니다. 정보 값이 없는 발화, 생산적인 목표 없이 보내는 시간. 그러니까, 잡담 같은 것 말입니다. 하지만 별다른 목적이 없고 정보 값이 중요치 않은 대화이기 때문에 잡담은 혁신의 단초가 되곤 하죠. 그렇다면 가치 있는 잡담은 어디에 있을까요?

> ↳ 대화에는 인간분 아니라 인공지능, 동물의 자리도 생겼어요.
> ↳ 무엇이 인간인지 질문한 과학자, 앨런 튜링이 개발한 '이미테이션 게임'에 최근 오픈AI의 인공지능이 통과했다는 소문이 돈다고 해요!

'포캐스트' 챕터에선 쇼트폼 일곱 편을 만날 수 있어요. 바쁜 독자들을 위해 이달에 꼭 알아야 할 이슈만 선별했어요. 단순한 사실 전달을 넘어 새로운 관점과 해석을 제시합니다. 쇼트폼엔 어떤 주제가 실렸을까요? 순서대로 소개해 드릴게요.

완벽하지 않을 바에야 말하지 않는 이들 _ 22p
'콜 포비아'라는 단어, 알고 계신가요? 전화가 무섭고, 통화가 두려운 증상을 말하는 용어라고 해요! 저도 콜 포비아와 무관하지 않은 것 같아요. 가끔은 통화 대본을 쓰고, 또 가끔은 전화기를 들고 만반의 준비를 하기도 하죠. 각종 언론에서는 콜 포비아를 앓는 MZ세대를 위해 다양한 해결책을 내놨어요. 그런데 콜 포비아, 사실은 더 거시적인 사회 구조와 관련돼 있는 건 아닐까요?

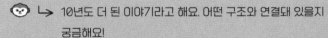
↳ 10년도 더 된 이야기라고 해요. 어떤 구조와 연결돼 있을지 궁금해요!

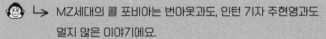
↳ MZ세대의 콜 포비아는 번아웃과도, 인턴 기자 주현영과도 멀지 않은 이야기예요.

나는 네가 트위터에 저지른 일을 알고 있다 _30p
여러분, 아직도 트위터 쓰시나요? 트위터는 일찌감치 '손절'이라고 선언하는 사람들이 늘어나고 있다는데 말이죠! 이게 다 그 문제적 인간, 일론 머스크 때문입니다. 일론 머스크가 CEO 자리에 오르면서 대량 해고나 파란 딱지 사태 등 상식적으로 이해하기 힘든 일들이 일어나고 있습니다. 이유는 무엇일까요? 바로 한 사람의 잘못된 신념 때문입니다.

자, 그렇다면 트위터를 손절해야 할까요, 아니면 좀 더 기회를 줘야 할까요? 포캐스트를 읽고 나시면 여러분의 판단이 생기실 겁니다.

 ↳ 여러분도 트위터를 자주 이용하시나요?

↳ 트위터에 뒤따르는 제3의 플랫폼들도 많이 생기고 있어요!

슈퍼 앱의 조건 _ 36p

앱 하나로 다 되는 슈퍼 앱. 모든 플랫폼이 꿈꾸는 그림이죠. 그런데 이상하다…? 이미 다들 하나씩 쓰고 계시지 않나요? 하나의 앱 안에서 메시지, 결제, 뱅킹, 예약, 검색 등 우리에겐 별로 놀랄 일이 아닙니다. "당신이 미국에 산다면 슈퍼 앱에 대해 들어봤을 것이다. 만약 아시아에 산다면 이미 하나쯤 쓰고 있을 것"이라는 말도 있을 정도죠. 마이크로소프트도, 일론 머스크도 탐내지만 중국의 위챗, 한국의 네이버 같은 슈퍼 앱을 만드는 건 쉬운 일이 아닌데요, 대체 왜 다들 슈퍼 앱이 되고 싶은지, 슈퍼 앱의 조건은 무엇인지 알아봅니다.

 ↳ 일론 머스크의 슈퍼 앱 X, 정말 가능할까요….

↳ 슈퍼 앱이 뭐가 좋길래 다들 뛰어드는 걸까요?

동에 번쩍, 서에 번쩍, 카카오 엔터 _ 46p

여러분은 카카오 엔터테인먼트에서 어떤 작품들을 내고 있는지 알고 계셨나요? 드라마 〈빈센조〉부터 〈수리남〉, 영화 〈브로커〉까지 모두 카카오 엔터 계열사의 작품들이에요. 4세대 아이돌로 주목받는 그룹 '아이브'도 그렇죠. 이 모든 게 카카오의 손아귀 안에 있다는 게 놀라웠는데요. 카카오 엔터테인먼트는 다양한 작품과 인수 합병을

통해 네트워크를 늘려가는 전략을 택하고 있어요. 그런 카카오가 팬덤
플랫폼 '유니버스' 인수전에 뛰어 들었다고 하는데, 대체 속셈이 뭘까요?

 ↳ 유니버스? 엔씨소프트가 만든 팬덤 플랫폼으로 알고 있어요!

↳ 다양한 변신을 시도했다고 기억하는데… 결국 카카오의 품에
안기게 될까요?

잠을 잃은 사회 _ 54p
꿀잠 베개부터 아로마 오일, 온도와 빛 조절이 가능한 침대까지!
현대인들이 잘 자기 위해 큰돈을 투자하고 있는데요. 그 돈이 무려 3조
원대라고 합니다. 슬리포노믹스, 수면과 관련된 경제를 일컫는 신조어까지
생길 정도라니까요. 불면을 겪는 사람이 그만큼 많다고 생각하니 새삼
걱정되기도 합니다. 무엇이 잠 못 드는 사회를 만들었을까요? 힌트는
"잠을 자면 꿈을 꾸지만, 공부하면 꿈을 이룬다"라는 말에 있습니다.

↳ 수험생 시절, 많이 들어봤던 말인데요…!

↳ 지하철에서는 왜 이렇게 잠이 잘 올까요?

 바람의 발전 _ 60p
솔~솔~ 바람에 따라 날개가 돌아가는 풍력! 올해 세계 풍력 발전이 역대
최대치를 기록한다고 합니다. 중국은 세계에서 가장 큰 풍력 발전 단지를
만들고, 내년에는 전 세계 풍력 발전 보급량이 무려 1000기가와트를
돌파한다고 해요. 과연 우리 일상에서 풍력 에너지가 차지하는 비중은
어느 정도일까요? 풍력은 원자력을 대체할 수 있을까요? 재생 에너지로의
전환은 글로벌 흐름이죠. 우리는 무엇을 어떻게 대비할 수 있을까요?

🏆 ↳ 중국이 재생 에너지 분야에서 폭발적인 성장을 하고 있다고
알고 있어요!

🗑 ↳ 우리나라 상황은 어떤지도 궁금한데요?

화이트 페이퍼, 블루 웨이브 _ 68p
중국인들이 백지를 들었습니다. 적히지 못한 글자는 시위대의
입에서 터져 나옵니다. "우리에게 자유를 달라!", "봉쇄를
해제하라!"라는 구호는 어느새 공산당과 시진핑 주석의 타도를
외치고 있습니다. 대만은 지난 지방 선거에서 차이잉원 총통이
이끄는 범록 연맹이 범람 연맹에게 참패하며 푸른 물결이
녹색을 덮었습니다. 양안 관계로 대표되는 중국과 대만이 거의
비슷한 시기에 정치적 혼란을 겪고 있는데요, 대체 무슨 일이
있던 걸까요? 중국과 대만을 생각할 때 잘 떠오르지 않던 흰색,
푸른색이 두 나라에 어떤 파장을 일으키는지 알아봅니다.

🔺 ↳ 빨간색과 파란색이라는 옛날의 색 문법! 이제는 먹히지
않는군요.

😐 이어지는 '톡스' 코너에서는 사물을 다르게 보고, 다르게
생각하고, 세상에 없던 것을 만들어 내는 사람들의 이야기를
담아요. 《스레드》 8호에서는 토스의 정경화 콘텐츠 매니저를
만나봤어요.

자주 실패하고 간혹 성공하는 사람들 _ 79p

"토스로 보내 줘도 돼?" 친구와 같이 밥을 먹고 나면 꼭 하는 말이죠.
계좌 이체의 대명사가 된 토스! 토스가 없을 땐 어떻게 더치페이를
했는지 기억이 안 날 정도예요. 혹은 토스가 더치페이의 시대를 만든
걸까요? 어느 쪽이든 토스가 대단한 일을 해낸 것은 분명해 보입니다.
이렇게 성공하기까지 토스는 분명 수없이 도전하고 무수히 실패했겠죠.
그 도전기를 담은 《유난한 도전》이 출간됐습니다. 토스의 유난한 도전,
정경화 콘텐츠 매니저를 통해 직접 들어볼까요?

 ↳ 인터뷰를 하는 내내 토스 팀의 에너지가 느껴졌어요!

 ↳ 자주 실패하고, 간혹 성공하는 이야기라니, 역시 성공은 쉽게
오지 않네요.

단편 소설 분량의 지식 콘텐츠 '롱리드' 코너도 있어요. 깊이 있는 정보
습득이 가능하고, 내러티브가 풍성해 읽는 재미가 있어요.

이끼를 만져야 알 수 있는 것 _ 95p

'구르는 돌에는 이끼가 끼지 않는다'라는 속담이 있습니다. 부지런히
노력하는 사람은 계속해서 발전한다는 뜻인데요. 그럼 이끼가 낀다는 것은
게으르다는 말일까요? 반대로, 그만큼 오랫동안 변함없이 존재했다는 걸
의미할 수도 있죠. 2.5센티미터가 자라는 데에 25년이 걸리지만, 최소
3억 5000만 년 동안 지구에 존재했던 이끼. 니키타 아로라의 글을 통해
이끼가 품고 있는 지구의 기억을 만나 보세요.

 ↳ 촉각은 우리의 상태를 다시 확인하게 만드는 힘이 있어요.
대상도 우리를 만지기 때문이죠!

《스레드》 8호에서는 지금까지 소개해 드린 열 가지 이야기를
담았어요. 그럼 이제부터 《스레드》를 시작해 볼까요?

이달의 이야기

안전한 모험 ·· 13p

포캐스트

완벽하지 않을 바에야 말하지 않는 이들 ················· 22p
나는 네가 트위터에 저지른 일을 알고 있다 ············· 30p
슈퍼 앱의 조건 ·· 36p
동에 번쩍 서에 번쩍, 카카오 엔터 ······················ 46p
잠을 잃은 사회 ·· 54p
바람의 발전 ··· 60p
화이트 페이퍼, 블루 웨이브 ······························ 68p

톡스

토스 정경화 콘텐츠 매니저 – 자주 실패하고 간혹 성공하는 사람들 79p

롱리드

이끼를 만져야 알 수 있는 것 ···························· 95p

이달의 이야기에선 한 가지 주제를 깊이 다뤄요.
단순한 사실 전달을 넘어 새로운 관점과 해석을 제시해요.
함께 읽고 생각을 나눠요.

잡담은 연결을 만들고, 그 연결을 공고히 합니다. 별다른 목적이
없더라도, 나와는 전혀 다른 타인과 일상과 감정을 공유하는 경험이죠.
그런데 지금 우리는 잡담을 잃어버리고 있습니다. 한 발짝을 잘못
내디디면 끝도 없이 추락할 것만 같은 불안감, 완벽한 결과로 나의
능력을 매 순간 증명해야 한다는 스트레스는 무의미한 것들의 미덕을
쉬이 지워버립니다. 정보 값이 없는 발화, 생산적인 목표 없이 보내는
시간. 그러니까, 잡담 같은 것 말입니다. 이래서는 스스로에 갇히게
됩니다. 그것은 조금 외롭고, 아주 아쉬운 일일 지도 모릅니다.
__ 신아람 에디터

안녕하세요. 북저널리즘 신아람 디렉터입니다.

"나는 1997년 1월 12일 일리노이주 어배너에서 태어났습니다."

영화 〈2001 스페이스 오디세이〉에서 주인공 HAL은 자신을 이렇게 소개합니다. 97년생, 일리노이주 출신. HAL은 그러나, 탄생한 적은 있어도 출생한 적은 없습니다. 그는 컴퓨터이기 때문입니다. 2022년의 언어로 더욱 정교하게 정의하자면 HAL은 인공지능, AI입니다.

HAL에게는 얼굴도, 몸도 없습니다. 그저 외눈박이 카메라 하나로 실체를 보여줄 뿐이죠. 하지만 참으로 인간처럼 느껴집니다. 대화를 하니까요. 그래서 HAL이 선을 넘는 결정을 하고, 그것을 실행해 가는 과정이 섬뜩하게 느껴지는 것이겠지요. 인간과도 같은 존재, 그래서 마음을 열 수 있는 존재, 그러나 인간이 아니기 때문에 비인간적인 결정을 내리는 존재. HAL을 향한 미묘한 불쾌감과 경외심의 이유일 겁니다.

SF라는 장르는 아주 오랫동안 대화할 수 있는 기계를 꿈꿔 왔습니다. 단순히 기계를 일하게 하기 위한 명령문이나, 정보 값을 얻기 위한 질문과 답변을 의미하는 것이 아닙니다. 정말 인간처럼 대화할 수 있는 능력, 대화의 경험만으로는 인간인지 기계인지 알기 힘들 정도의 능력을 구현하는 것이 목표입니다.

왜 인간의 상상력이 대화할 수 있는 기계를 창조해 냈는지, 그 답은 간단합니다. 대화의 능력을 '지능', 지적 능력으로 간주했기 때문입니다. 무엇이 인간인가, 무엇이 지능인가. 이 질문을 던졌던 과학자의 결론이 바로 대화입니다. 바로 앨런 튜링의 '이미테이션 게임', 튜링 테스트입니다.

튜링 테스트는 간단합니다. 컴퓨터와 인간에게 동시에 질문을 합니다. 그리고 답변을 받습니다. 일종의 대화를 해 보는 것이죠. 여러

차례 대화가 오간 후 어느 쪽이 컴퓨터인지를 가려내야 하는데, 답변을
통해 유추해 낼 수 없다면 컴퓨터는 '지적 사고를 갖춘 창조물'로
인정받습니다. 즉, 인간처럼 대화가 가능한지의 여부가 결정적인
기준선이 됩니다. 최근 '오픈AI'의 GPT-4가 튜링 테스트를 통과했다는
소문이 돌고 있습니다. 사실이 어떤지는 곧 밝혀지겠죠?

대화하는 기계

다만, 인간은 성급합니다. 설익은 AI에게 대화의 역할을 자꾸 맡기고
싶어 하죠. 대표적인 것이 독거노인의 돌봄에 AI를 활용하고자 하는
시도입니다. 이미 서울시 중구는 AI 상담사가 독거노인에게 전화를
걸어 안부를 확인하는 서비스를 시행하고 있습니다. 갈수록 기술이
진보하고 있는 것도 사실입니다. 최근 공개된 이루다 2.0과 메시지를
주고받다 보면 순간적으로 진짜 사람과 대화하고 있는 것 같은 기분이
들 정도니까요. 관계가 흐릿해지고 공동체가 부서지고 있는 요즘,
인간이 기계에 맡기고 싶은 가장 곤란한 일은 어쩌면 대화일지도
모르겠습니다.

　　실제로 이야기를 나누는 일이 점점 부담스러워지고 있습니다.
특히 전화 통화를 기피하는 현상이 언론의 주목을 받고 있죠. 바로
'콜 포비아'입니다. 김혜림 에디터의 포캐스트, 〈완벽하지 않을 바에야
말하지 않는 이들〉은 콜 포비아의 근본적인 원인으로 '완벽주의'를
꼽습니다. 개인의 능력을 측정하고, 그 결과에 따라 획득할 수 있는
사회적 위치와 지위가 결정된다는, 또한 그래야 한다는 신화가 팽배해
있기 때문입니다.

　　이러한 시대적인 압박은 인간의 기본 욕구인 '수면'에도 영향을
끼치고 있습니다. 정원진 에디터가 블루오션으로 꼽히고 있는 새로운

시장, '슬리포노믹스'에 관해 꼼꼼히 분석한 포캐스트, 〈잠을 잃은 사회〉는 정신 똑바로 차리지 않으면 낙오할 수밖에 없는 사회가 과도한 각성을 유발하고, 그 결과로 현대인이 잠을 잃어버렸다는 분석을 내놓습니다.

한 발짝을 잘못 내디디면 끝도 없이 추락할 것만 같은 불안감, 완벽한 결과로 나의 능력을 매 순간 증명해야 한다는 스트레스는 무의미한 것들의 미덕을 쉬이 지워버립니다. 정보 값이 없는 발화, 생산적인 목표 없이 보내는 시간. 그러니까, 잡담 같은 것 말입니다.

"잡담 금지"

한 때는 이런 푯말이 교실이나 독서실, 일터에 붙어 있었습니다. 어쩌면 이상한 일이 아닐지도 모릅니다. 잡담이야말로 비효율을 상징하는 행위이기 때문입니다. 그래서 조직학자들에게 의미 있는 대화란 업무를 완수하기 위해, 구성원 간의 합의 도출을 위해 필요한 종류를 의미합니다. 조언, 정보 교환, 피드백 등이죠. 그런데 그것이 전부가 아니었습니다. 긱 경제, 분산 근무제, 원격 근무제 등 시공간의 제약을 벗어난 다양한 업무 환경이 보편화하면서 잡담의 가치를 재발견하게 되었습니다. 잡담의 기회가 줄어들자 그로 인해 조직이 느슨해진 것입니다.

회사에 출근하면 많은 직장인은 물과 커피가 있는 곳으로 향합니다. 보통은 탕비실쯤 되겠죠. 복도에 설치된 정수기 근처일 수도 있습니다. 그곳에서 이루어지는 것이 정수기 잡담(water cooler conversation)입니다. 업무와는 전혀 관련 없는, 시답지 않은 이야기들이 오갑니다. 그 과정에서 우리는 동료들과 심리적 거리를 줄이는 동시에 그들의 비언어적 소통 습관, 사적인 정보들을 받아들입니다. 말버릇이나 독특한 표정, 평소의 자질구레한 취향이나 오늘의 기분 같은 것 말이죠.

협업 플랫폼 미로(Miro)의 최신 보고서에 따르면, 북미 지역의 직장인들은 현재의 직장을 유지하고 싶은 가장 큰 이유로 '동료와의 유대감'을 꼽았습니다. 나와 합이 잘 맞는 동료와 일하는 것은 커다란 성취감을 맛볼 기회입니다. 나 혼자서는 볼 수 없었던 지점들도 동료의 눈을 빌려 발견하게 되죠. 나 혼자라면 결코 하지 않을 선택도 하게 됩니다. 일종의 안전한 모험을, 좋은 동료와 함께라면 할 수 있습니다. 그리고 그런 동료를 만나 인간적인 거리를 좁힐 수 있는 곳이 바로 정수기 근처입니다. 커피 한 잔을 기울이며 나눈 잡담이 팀을 만들어 냅니다. 별다른 목적이 없더라도, 나와는 전혀 다른 타인과 일상과 감정을 공유하는 경험. 잡담은 연결을 만들고, 그 연결을 공고히 합니다.

안전한 모험

다만, 일을 하는 방식이 변하면서 우리는 분명, 잡담을 잃어버리고 있습니다. 각자의 일에 몰두하여 효율성을 높이고, 소통은 꼭 필요한 경우에 한정합니다. 쏟아지는 이메일과 쌓여가는 협업 툴 속의 대화에도 불구하고, 잡담의 기회는 점점 사라져갈 뿐이죠. 이래서는 스스로에 갇히게 됩니다. 내가 아는 세상 속에서 나의 방식으로만 생각하게 됩니다. 그러니까, 자신에게 안주하게 됩니다. 그것은 조금 외롭고, 아주 아쉬운 일이지요. '딴생각'을 해 볼 수많은 기회를 그대로 놓쳐버리게 될 테니까요.

그래서 지금, '커뮤니티'의 중요성에 우리는 다시 주목하고 있는 것일지도 모릅니다. 같은 관심사를 가졌지만, 나와는 다른 생각을 가진 사람들을 만나는 기회 말입니다. 그 만남의 계기는 책 한 권일 수도 있겠고, 만나고 싶었던 멘토의 인사이트를 함께 듣는 자리일 수도 있겠습니다. 조금 어색하지만, 지금 당장 도출해 내야 할 결과 같은 것은 없지만, 솔직한 생각과 다정한 마음이 오가는 그런 공간을 우리는 필요로 합니다.

회현역 8번 출구에 위치한 bkjn shop에서는, 그래서 새로운 커뮤니티를 만들어가는 실험을 하고 있습니다. 처음 참여하는 사람도 자연스럽게 녹아들 수 있도록, 지금 이야기해야 할 관심사를 골라 모임을 구성합니다. 우리 부서나 회사에 한 명쯤은 있었으면 하는, 멘토로 삼고 싶은 젊은 혁신가들의 깊은 이야기를 준비했습니다. 그리고 무엇보다 중요한 것은 나와 눈높이도, 방향도 다른 시선을 가진 동료 참가자들의 주저 없는 이야기들일 것입니다. 이것은 단순히 온라인 강연 동영상을 결제해서는 얻을 수 없는, 가치를 매길 수 없는 경험입니다. 잡담과 딴생각의 가치를 아는 동료들과 함께 나서는, 안전한 모험 말입니다.

2023년, 스레드는 독자 여러분께서 안전한 모험에 뛰어들 수 있는 계기가 되고자 합니다. 친구들과 스레드를 나누어 읽고, 저희가 큐레이션 한 지금의 뉴스, '포캐스트'에 관해 딴생각을 펼쳐 보시면 어떨까요. 혹은 동료와 퇴근 후 맥주 한 잔을 기울이며 '톡스' 인터뷰에 등장한 신기한 인물에 관해 잡담을 나누어 보시는 것도 퍽 즐거운 모험이 되리라 생각합니다. 새로운 기회와 넓은 세상에 설렐 줄 아는 여러분 곁을, 스레드가 올 한 해도 지키도록 하겠습니다. ✏

©사진: bkjn shop

포캐스트에선 현재를 통찰하고 미래를 전망해요.
이달에 알아야 할 비즈니스, 라이프스타일, 글로벌 이슈 일곱 개를 골랐어요.
3분이면 이슈의 맥락을 알 수 있어요.

01 완벽하지 않을 바에야 말하지 않는 이들

MZ세대의 29.9퍼센트가 통화 공포증, 이른바 '콜 포비아'를 겪고 있다. 콜 포비아는 기존의 소통 문화와 충돌하는 MZ세대를 비춘다. 유쾌한 소통과 만남을 위해 필요한 건 완벽주의로부터의 탈출이다.

__ 김혜림 에디터

DEFINITION 콜 포비아

콜 포비아는 전화와 공포증의 합성어다. 전화 통화에 두려움을 느끼는 현상을 뜻한다. 갑자기 걸려온 전화에 불안함을 느낀 적이 있다면, 혹은 전화를 걸기 전에 대본을 만들어 본 적이 있다면 당신도 콜 포비아와 무관하지 않다. 콜 포비아 관련 조사 결과도 매년 등장한다. 2020년 '잡코리아'가 성인 남녀 518명을 대상으로 조사한 결과 성인의 58퍼센트는 전화가 두렵다고 답했다. 지난 9월, '알바천국'이 진행한 조사에 따르면 MZ세대의 29.9퍼센트는 콜 포비아를 겪고 있었다. 콜 포비아는 대화에 두려움을 갖는 '토크 포비아'와도 멀지 않다. 말실수, 나쁜 경험, 참을 수 없는 대화 사이의 침묵은 사람들을 유쾌한 소통이 아닌 두려움으로 이끌었다.

CONFLICT 레거시의 충고

콜 포비아를 MZ세대의 이해할 수 없는 유별남으로 바라보는 대부분의 기성 언론은 기사 말미에 콜 포비아를 극복할 수 있는 방법을 제시했다. 윗세대와의 수직적인 소통이 아닌 긍정적인 통화 경험을 만들고, 사회적 기술 훈련을 통해 콜 포비아를 넘어설 수 있다는 방안이 제시됐다. 이들은 MZ세대의 불편함을 개인적으로 극복할 수 있는 대상으로 상정했다. 하지만 정말 그럴까? 콜 포비아, 나아가 토크 포비아는 MZ세대 개인이 극복할 수 있는 서사일까? 어쩌면 콜 포비아는 구조가 만든 거시적 현상일 수 있다.

©사진: 너덜트 유튜브

ANALYSIS1 통화

• 즉각적 ; 전화 소통은 즉각적이다. 통화하는 사이 즉각적인 액션과
리액션이 이뤄져야 한다. 즉각적인 소통은 불확실하다. 상대방에게서
언제, 어떻게, 어떤 말이 나올지 모른다. 상대방의 액션에 맞춰야 하기
때문에 나의 리액션도 불안정해진다. 답변을 정제하거나 시간을 두고
생각할 수 없다.

• 집중 ; 전화 소통은 일 대 일이다. 나와 상대방이 대화하기 위해
주어진 시간인 만큼 집중하지 않으면 소통의 맥락을 놓치기 쉽다.
기록이 남지 않는 경우 더더욱 그렇다. 통화를 위해서는 통화라는
행위에만 집중해야 한다. 갑작스레 걸려온 전화가 나만의 공간과
시간을 방해한다는 감각은 소통의 주도권이 온전히 나에게 주어져
있지 않다는 불안감에서 비롯한다.

• 말 ; 전화 소통은 말을 중심에 둔다. 발화 행위를 통해 상대방이 가진
정보를 흡수하고 내가 가진 정보를 전달해야 한다. 실수는 용인되지
않는다. 수정, 취소, 삭제가 가능한 메시지와 달리 말은 주워 담을

수 없다. 제스처나 표정과 같은 비언어적 소통이 불가능하기 때문에 통화는 때때로 오해를 낳기도 한다. 실제로 10~20대의 36퍼센트가 말실수에 대한 두려움 때문에 대화를 꺼린다고 답했다.

ANALYSIS2 메시지

• 텀 ; 전화와 달리 메시지를 통한 소통에는 사이의 공간, 텀(term)이 있다. 즉각적인 소통이 강요되지 않으며, 내가 원할 때 답하거나 대화를 시작할 수 있다. 알림과 배너 등의 미리보기 기능을 통해 메시지를 확인하고, 미리 답변을 생각하거나 바쁜 일이 끝났을 때 답할 수 있다.

• 멀티 플레이 ; 텀을 허락하기 때문에 메시지 소통에는 지속적인 집중력이 필요치 않다. 소통이 이어지는 동안에도 원하는 정보를 찾아볼 수 있고, 여럿과의 소통도 가능하다. 요컨대 우리는 메시지를 통해 소통하며 음악을 들을 수 있고, TV를 볼 수 있다. 멀티 플레이는 메시지의 감각이다.

• 하이퍼미디어 ; 말과 발화는 메시지의 중심이 아니다. 메시지는 여러 미디어를 오간다. 메시지를 통해 사진을 전송할 수도, 동영상을 공유할 수도 있다. 더 많은 정보가 있는 링크를 전송하는 것도 가능하다. 메시지 소통은 하나의 독단적인 주인공만 갖지 않는다.

 (나만 미리보기로 내용 먼저 확인하는 거 아니지?)

STRATEGY 클럽하우스와 디스코드

음성 기반 SNS라고 불리는 '클럽하우스'는 출시 당시 소셜 미디어와
음성을 결합한 새로운 형태의 서비스였다. 실시간 음성 소통
프로그램인 '디스코드'는 게임과 NFT, 암호화폐 등의 정보 공유처로
쓰이며 웹 3.0을 주도하는 소통 공간이 됐다. 이들에게는 공통점이
하나 있다. 음성을 사용하지만 통화보다 메시지에 가깝다는 점이다.

• 자기 주도적 소통 ; 클럽하우스의 경우 채널에 입장한 청취자가
'손들기' 버튼을 눌러 대화에 참여할 수 있다. 발언권을 직접적으로
요청하기 전까지 대화의 흐름을 좇으며 자기 주도적인 정보 전달을
준비할 수 있는 것이다.

• 콘텐츠 ; 한편으로 클럽하우스와 디스코드 모두 소통의 목적과
대화방의 이름이 선제적으로 주어져 있다. 요컨대 이들의 대화에는
콘텐츠가 있다. 콘텐츠는 대화에 테두리를 만든다. 자신이 잘 모르거나
관심이 없는 분야의 소통은 아예 피할 수 있는 것이다. 행여 대화가
진행되는 도중 자신이 모르는 정보가 나와도 괜찮다. 그저 손을 들지만
않으면 된다.

BACKGROUND 완벽주의

심리학자 토마스 커런(Thomas Curran)과 앤드류 힐(Andrew Hill)의
연구에 따르면 오늘날의 밀레니얼 세대는 완벽함에 대한 집착이
심했다. 두 심리학자는 완벽주의적 성향의 확산 원인으로 능력주의의
보편화를 꼽는다. 개인의 능력이 모든 평가의 절대적 기준이라고

믿는 능력주의의 확산으로 인해 사회 전체의 기대 수준이 높아졌고, 이것이 MZ세대의 집단적 완벽주의로 드러난 셈이다. 한마디의 말을 하거나 한 조각의 정보를 전할 때도 그들은 완벽해야 한다는 강박에 쉽게 시달린다. 완벽하게 소통하지 못할 바에야 아예 소통하지 않기를 택한다. 그리고 완벽한 소통을 위해서는 자신이 소통 전체를 주도해야 한다. 실시간으로 정보를 수집할 수 없고, 자기 주도적인 소통을 허락하지 않는 통화는 그와 거리가 멀다.

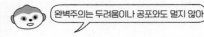
완벽주의는 두려움이나 공포와도 멀지 않아

REFERENCE 완벽함과 당당함 사이

• 대설교메 ; 완벽한 소통에 대한 MZ세대의 강박은 전화에서만 드러나지 않는다. 사이트 '대설교메(대학생이나 돼서 설마 교수님께 메일 보내는 법도 몰라?)'는 교수를 대상으로 메일을 보낼 때 활용할 수 있는 여러 폼을 제공한다. 성적 정정 요청, 추천서 작성 의뢰, 수강 신청 문의 등을 문의할 때 사용할 수 있다. 실수할 염려가 없고, 편리하게 예의 바르고 공손할 수 있다.

• 인턴 기자 주현영 ; 쿠팡 플레이의 〈SNL 코리아〉에서 인기를 끈 캐릭터 인턴 기자 주현영의 떨리는 목소리는 완벽주의와 두려움의 기이한 결합에서 탄생했다. 앵커의 질문에 완벽하게 답하지 못하는 상황, 자신이 주도하지 못하는 정보는 두려운 대상이다. 회를 거듭할수록 주 기자는 성장했다. '주 기자가 간다'를 통해 기성세대 권력자들과 당찬 대화를 나누는 인턴 기자의 자기 발전 서사는 MZ의 열광을 불렀다.

변화를 가시적으로 드러내는 것은 역시 시장이다. 휴대폰 요금제의
주인공은 제공되는 통화 시간이 아닌 데이터의 양이다. 전화와 문자
양을 정해주는, '알'과 '링'을 주고받는 시대는 끝났다. 사람들은 가격과
무제한 데이터 제공 여부에 민감하지만 통화 시간에는 무감각하다.
월 1만 원대의 알뜰 요금제에서도 어렵지 않게 통화를 무제한으로
제공하는 요금제를 찾아볼 수 있다. 이제 통화는 공짜다. 그리고 공짜는
더 이상 사람들이 갈구하지 않는 대상이다. 그렇게 소통의 도구는
바뀌었지만 그 본질은 여전하다. 소통은 개인과 개인, 그를 넘어서
사회를 구성하는 무형의 연결이다. 개인과 개인이 마주치는 과정에서는
새로운 깨달음과 일종의 '진화'가 일어난다. 1973년, 생물학자 밴
베일런(Leigh Van Valen)이 제안한 '붉은 여왕 가설'은 생명체가
살아남기 위해 타인과 의도적으로 경쟁하고, 마주쳐야 한다고 말한다.
소통이 스트레스와 포비아의 대상이라면, 그 원인은 완벽하지 못했다는
사실에 좌절하는 이들을 만든 사회의 구조에 있다.

FORESIGHT 타인과의 불완전한 마주침

지금의 청년 세대가 자란 시대에서 한 번의 실수는 취업 문턱
앞에서의 추락으로, 입시 결과의 당락으로 나타났다. 능력주의의
근본적 원인은 청년에게 주어진 재도약 시스템의 부재다. 능력이 회사,
대학의 간판으로 평가받는 시대에서 기득권과의 커뮤니케이션은
청년층에게 유일한 도약의 기회가 된다. 유일한 기회 앞에서 사람은
나약해진다. 그렇다면 콜 포비아의 궁극적인 해결 방법은 긍정적인
통화 경험 구축이나 개인의 트라우마 극복이 아니다. MZ세대 위에

드리운 완벽주의의 그림자에서 벗어나야만 비로소 타인과의 유쾌한 만남이 가능해진다. MZ세대에게 편안한 소통은 모든 게 자신에 맞춰져 짜인 공간이다. 연령대, 성별, 상황, 관심사에 따라 구축된 온라인 커뮤니티의 인기가 그를 대변한다. 이 니즈에 맞춰 새로운 시대의 SNS는 탈중앙화를 내세운다. 개개인의 관심사가 서버가 되고, 서버가 세계가 되는 체계다. 개인만으로 대표되는 탈중앙화가 불통의 다른 표현이 되지 않기 위해, 우리는 타인과의 완벽하지 않은 마주침을 고민할 필요가 있다. ⓣ

©사진: Mastodon

  더 많은 이야기는 북저널리즘 라디오에서 만나요!

02 나는 네가 트위터에 저지른 일을 알고 있다

일론 머스크가 트위터를 망가트리고 있다. 대량 해고, 파란 딱지 사태
모두 그의 신념에 기반한 결정이다. '표현의 자유'라는 신념이다.
광고주와 트위터리안은 떠나고 극우 세력과 혐오 표현이 늘고 있다.
트위터는 얼마나 버틸 수 있을까. __ 신아람 에디터

트위터가 망가졌다. 연이은 광고주의 이탈이 상황의 심각성을 드러내고
있다. 대형 광고대행사 옴니콤이 자사 고객들에게 트위터 광고 지출
중지를 권고했다. GM, 아우디, 화이자, 제너럴밀스, 유나이티드 항공
등 많은 대기업은 트위터 광고를 이미 중단했다. 트위터는 광고로
먹고산다. 매출의 약 90퍼센트가 광고 매출이기 때문이다. 따라서
지금 벌어지고 있는 상황은 트위터라는 기업의 존폐와 직결되는
심각한 시그널이다. 대체 왜 이런 일이 일어나고 있는 것일까? 멕시칸
패스트푸드 업체 치폴레멕시칸그릴이 트위터 광고를 중단하며 밝힌
입장에 답이 있다. "새로운 리더십 아래 트위터의 방향성을 파악하기
전까지 유료 콘텐츠를 철회한다"라는 것이다. 즉, 트위터의 새로운
리더십을 광고주로서 신뢰할 수 없다는 얘기다. 세면대를 들고 출근한
새 CEO, '일론 머스크 리스크'다.

CONFLICT 해고

일론 머스크는 도대체 트위터에서 무슨 일을 벌이고 있는 것일까? 그의
행보를 따라가면 트위터의 미래를 예측해 볼 수 있다. 먼저, 대량 해고가
있었다. 전체 인력의 약 절반에 해당하는 정규직 3700여 명에 지난
11월 3일 해고를 통보했고, 계약직의 약 80퍼센트에 해당하는 4400여
명도 해고된 상태다. 별도의 면담 등은 없었다. 이메일로 통보하거나
회사 업무 시스템 접근 권한을 중단하는 방식의 통보였다. C 레벨
임원들은 줄줄이 사직서를 냈다. 최고 정보보안 책임자(CISO), 최고
개인정보 책임자(CPO), 최고 준법감시 책임자(CCO) 등은 물론이고
신뢰·안전 담당 글로벌 책임자인 요엘 로스도 퇴사를 결정했다.

표면적인 이유는 트위터 인수에 돈을 너무 많이 썼기 때문이다. 동시에 트위터가 돈을 너무 많이 잡아먹고 있기 때문이다. 최근 머스크는 트위터가 매일 400만 달러(약 53억 원)가량의 적자를 보고 있다고 밝힌 바 있다.

ANALYSIS 표현의 자유

그런데 이면에는 다른 이유도 있다. 잘려 나간 직원들은 영업이나 마케팅 부서 소속인 경우도 있었지만, 콘텐츠 관리 업무를 담당하는 신뢰·안전팀, 커뮤니케이션 부서 등이 대량 해고의 타깃이 되었다. 설상가상으로 인공지능(AI) 윤리, 인권 등의 부서는 통째로 사라졌다. 혐오 발언이나 가짜 뉴스 등을 추적하고 걸러 왔던 외주 팀의 경우도 마찬가지다. 이쯤 되면 의도를 추측하기 어렵지 않다. 무신론자로 알려진 일론 머스크에게 종교가 있다면 아마도 '표현의 자유교'쯤 될 것이기 때문이다.

KEYPLAYER 일론 머스크

"표현의 자유가 보장되는 디지털 공론장을 지켜 민주주의에 기여하겠다."

정치인의 출사표가 아니다. 트위터 인수 의사를 밝힌 후 일론 머스크의 발언이다. 전 세계에서 가장 인기 있는 트위터리안 중 한 명인 머스크는, 트윗 한 줄로 테슬라의 주가를 출렁이게 하고 암호화폐 시장도 들었다 놨다 하는 힘을 갖고 있다. 그런 그에게 제동을 걸었던 것이 바로 미국 증권거래위원회(SEC)다. 지난 2018년 머스크가 테슬라 상장폐지를 검토 중이라는 트윗을 올렸다가 증권 사기 혐의로 고발당한 것이다. 이후 일론 머스크는 회사 변호사와 상의하고 트윗을 게시하기로 합의한 바 있다. 그러나 머스크는 잠자코 있지 않았다. 항소를 진행하는 한편, 지난 3월에는 트위터가 "언론의 자유를 잘 보장하고 있는지"에 관한 설문 조사를 진행하기도 한 것이다. 결국, 머스크는 지난 4월 트위터 인수를 선언했다.

WHY 인정 욕구

자신의 한마디에 즉각적으로 반응하는 시장과 대중이 있다. 자신의 영향력이 실시간으로 증명된다. 그런 환경에서 트윗을 날리고 싶지 않을 사람이 몇이나 될까? 마음껏 말할 수 있는 자유란 머스크에게 스스로의 존재 가치를 증명하는 방법 그 자체일 수도 있다. 일론 머스크는 인플루언서로서의 자아를 갖고 있다. 그리고 그 인플루언서는 스스로를 위해 '표현의 자유'를 금과옥조처럼 받든다.

RECIPE 독립의 조건

그런데 그 표현의 자유를 지키려면 독립을 해야 한다. 광고주로부터의 독립이다. 이런 머스크의 시각은 지난 4월 9일 올린 트윗에 고스란히 드러난다. "트위터가 생존을 위해 광고에 의존한다면 트위터의 정책을 좌우할 기업들의 힘이 세진다"고 밝힌 것이다. 이 트윗을 올리고 닷새 후, 머스크는 트위터의 인수 합병을 공개적으로 제안했다. 그렇다면 트위터는 이제 전략이 필요하다. 먹고살 전략이다. 매출의

거의 대부분을 차지하는 광고 수입의 감소를 감당하려면 새로운 수익
모델이 필요한 것이다.

RISK 해고의 대가

그래서 발생한 것이 바로 '파란 딱지' 사태다. 트위터는 계정 소유자의
신원을 트위터 측이 확인했다는 표시로 파란색 체크 표시를 붙여줬다.
대부분 기업이나 유명인, 인플루언서 등이 대상이다. 그런데 이 체크
표시를 돈을 낸 사람들에게만 주겠다고 선언한 것이다. 정확히는 지난
2021년 6월에 출시한 '트위터 블루'라는 구독 서비스를 이용해야
체크 표시를 주겠다는 이야기다. 가격은 기존 약 5달러에서 8달러로
인상했다. 그런데 문제가 발생했다. 제대로 된 계정인지, 사칭
계정인지를 검토하고 걸러낼 직원이 없었던 것이다. 결국 사달이 났다.
"인슐린이 무료"라는 트윗이 제약사를 사칭한 계정을 통해 게시되었다.
주요 제약사의 주가가 급락한 것은 당연하고 절박한 환자들은
무의미한 절망을 맛봐야 했다. 방산업체 록히드 마틴의 사칭 계정은
"사우디아라비아, 이스라엘, 미국 등에 무기를 팔지 않겠다"는 트윗을
올렸다. 이쯤 되면 주가의 문제가 아니라 안보의 문제가 된다. '표현의
자유'를 지키기 위해 직원들을 해고한 통에, 머스크가 야심 차게
내놓은 유료화 전략은 이렇게 무너졌다. 출시 하루 만에 중단된 것이다.

INSIGHT 착각의 비용

어디서부터 잘못된 것일까? 어쩌면 일론 머스크는 '표현의 자유'와
'혐오할 권리', '선동할 권리', '가짜 뉴스를 퍼뜨릴 권리'를 혼동한
것일지도 모른다. 트위터를 떠난 광고주가 갈 곳은 많다. 최근 몇 년

사이 급부상한 틱톡부터 광고시장에 새롭게 진입한 넷플릭스까지
선택지는 다양하다. 게다가 경기 침체와 팬데믹 종료에 따른
비대면 시장의 축소가 예상됨에 따라 온라인 광고 시장 자체도
파이가 줄어들고 있는 상황이다. 설상가상으로 유명인들이 속속
트위터를 떠나고 있다. 가수 토니 브랙스턴, 배우 우피 골드버그,
영화 〈허드슨강의 기적〉으로 유명한 체슬리 설렌버거 전 기장 등이
공식적으로 트위터와의 절교를 선언했다.

FORESIGHT 생존의 문제

그러나 떠나는 사람만 있는 것은 아니다. 극우 인사들이 트위터에
복귀하고 있다. 지난 2017년 이슬람 혐오 동영상을 올렸던 영국 극우
정당 '브리튼 퍼스트'의 트위터 계정이 복구되었고, 미국의 극우
인사들의 팔로워 수도 급증했다. 트위터상의 혐오 표현 또한 당연히
늘어났다. 플랫폼의 성격 자체가 변화하고 있는 것이다. 일론 머스크가
실현하고 싶었던 '표현의 자유'의 모습이 이런 것인지는 알 수 없다.
다만, 머스크는 이번 중간 선거를 앞두고 "공화당을 지지하라"는
트윗을 게시한 바 있다. 트위터가 망가지는 동안 사과를 한 것은
머스크가 아니라 잭 도시 트위터 창업자였다. 그는 트위터의 대안이
될 새로운 소셜미디어, '블루 스카이'를 준비 중인 것으로 알려졌다.
블록체인에 기반한 탈중앙 플랫폼이다. 현재 또 다른 탈중앙화
소셜미디어, '마스토돈' 또한 주목받고 있다. 역사 속으로 사라진 IT
기업과 플랫폼은 셀 수 없이 많다. 비난에 직면한 일론 머스크는 트위터
CEO 자리를 던져버리겠다고 선언했다. 과연, 일론 머스크는 순순히
자신의 신념을 포기할 수 있을까. ●

미국의 테크 매체 디인포메이션(The Information)이
마이크로소프트(MS)의 슈퍼 앱 개발 가능성을 보도했다. 일론
머스크는 늘 슈퍼 앱을 만들 것이라 공언해왔으며 트위터를 슈퍼 앱
'X'로 만들고자 한다. 그들은 왜 슈퍼 앱을 꿈꿀까? 플랫폼의 위기
속에서 슈퍼 앱의 조건은 무엇인가? __ 이현구 에디터

DEFINITION 슈퍼 앱

슈퍼 앱은 우리의 일상과 관련한 수많은 서비스에 접근할 수 있는 단일 앱을 의미한다. 스위스 군용 칼에 비유된다. 테슬라 CEO 일론 머스크는 'Everything App(모든 것의 앱)'이라고 표현한다. 모든 플랫폼이 슈퍼 앱을 꿈꾼다. 슈퍼 앱의 장점과 특징은 뭘까?

• 락인(Lock-in) ; 이미 투자된 기회비용이 늘어나면 쓰던 것을 쓰게 된다. 앱 내의 미니 앱 생태계 속으로 강력한 락인 효과를 발휘할 수 있다.

• 개인화(Customization) ; 개인화된 사용자 경험(UX)을 만들 수 있다. 앱 내에서 기능을 발견하고, 쓰거나 제거하면 된다. 앱 내에서 데이터 공유와 단일 사용자 인증이 되어 서비스마다 로그인을 반복할 필요가 없고 맞춤형 설계가 가능하다.

• 심리스(Seamless) ; 개인화와 연결된다. 일관된 사용자 경험을 만들 수 있다. 비대면의 일상화로 IT 기술이 발전하며 '끊김이 없다'는 뜻의 심리스는 중요한 가치가 됐다. 서비스를 넘나들 때마다 해당 서비스의 문법을 따를 필요가 없다.

• 몰입 경험(Immersive Experience) ; 미국의 IT 연구 및 컨설팅 회사인 가트너(Gartner)는 슈퍼 앱이 궁극적으로 챗봇, 사물 인터넷(IoT) 기술 및 메타버스와 같은 몰입 경험을 지원하도록 확장될 것이라 말한다. 심리스의 연장선이다.

©사진: macrovector

STRATEGY1 MS의 도전

뜻밖의 기업이 도전장을 던졌다. 현지시간 12월 6일 IT 전문 매체 디인포메이션은 MS가 슈퍼 앱 개발을 검토하고 있다고 내부 소식통을 인용해 보도했다. 쇼핑, 메시지, 웹 검색, 뉴스 및 기타 서비스를 원스톱으로 제공하는 앱이다. 이에 근접한 MS의 서비스는 검색 엔진 '빙(Bing)'과 메시징 기반 협업툴 '팀즈(Teams)'다. 장점을 엮어볼 구석이 있다. 사티아 나델라(Satya Nadella) MS CEO는 이미 빙의 검색 서비스와 팀즈·아웃룩의 상호 작용을 강화하고 있다. MS는 왜 슈퍼 앱을 만들까?

• 견제구 ; 보도에 따르면 MS의 경영진은 이 앱을 통해 수십 억 달러의 광고 사업과 빙 검색을 강화하고 팀즈에 더 많은 사용자를 유치하길 원한다. 모바일 시장에서 이미 지배적 위치에 있는 구글과 애플의 영향력에 맞서려는 시도다.

• B2C ; 이제껏 MS가 내놓은 제품은 소프트웨어(MS Office)나

클라우드(Azure) 등으로 대부분 B2B였다. 슈퍼 앱 출시를 통해 B2C로 확장하려는 전략이다. 고객과의 접점을 늘리면 수익 창출의 기회도 늘어난다. MS는 이 보도와 관련한 로이터의 논평 요청에 응답하지 않았다.

 마이크로소프트의 슈퍼 앱이라니! 어떤 모습일까?

STRATEGY2 X 생태계

예측 불허의 인물도 도전장을 던졌다. 트위터의 CEO 일론 머스크는 늘 슈퍼 앱 'X'를 만들겠다고 공언해왔다. 트위터를 인수한 머스크는 속내를 드러냈다. 트위터를 슈퍼 앱으로 만든다는 것이다. 정확히는 트위터로 인해 X의 출시연도가 3~5년 앞당겨질 것으로 봤다. 머스크는 왜 슈퍼 앱을 만들까?

• 페이 시스템 ; 머스크는 과거 페이팔의 전신인 엑스닷컴(X.com)을 설립한 적이 있다. 그는 경영에서 물러난 후 지불 결제 시스템 부활에 대한 열망을 갖고 있었다. 테크 전문 미디어 프로토콜(Protocol)은 트위터를 향한 그의 계획이 엑스닷컴의 그것과 매우 유사하다고 논평한 바 있다.

• 블록체인 ; 머스크는 표현의 자유를 위시했지만 동시에 그가 꿈꾸는 트위터는 블록체인 기반의 탈중앙화 플랫폼으로 보인다. 정보에 대한 주도권이 이용자 개인에게 있고 분권형 의사 결정 구조를 가진 소셜 미디어다. '트위터 블루'를 도지코인으로 결제할 수 있게 하겠다는 발언으로 미루어 보아 암호화폐를 도입할 가능성도 있다. 블록체인

생태계를 안정적으로 구축하기 위해 슈퍼 앱은 좋은 전략이 될 수 있다.

• 스피커 ; 항공 우주(SpaceX), 우주 인터넷(Starlink), 전기차(Tesla). 인공지능(OpenAI) 등 미래 산업의 정점엔 머스크가 있다. 인류 역사상 최초로 개인 자산이 3000억 달러를 돌파한 그가 유일하게 없는 것은 스피커다. 트위터 인수로 그에겐 스피커가 생겼다. 암호화폐 시세를 오르내리게 한 그의 영향력은 슈퍼 앱 내에서 극대화된다. 슈퍼 앱은 'X 생태계'의 화룡점정이다.

ⓒ사진: kavi surya

REFERENCE 텐센트

MS와 머스크의 슈퍼 앱 계획은 텐센트의 모바일 전략을 따른다. 디인포메이션은 MS가 텐센트의 위챗(WeChat)에서 아이디어를 얻었다고 언급했고 머스크 역시 지난 2022년 6월 트위터 직원과의 회의에서 위챗을 극찬한 바 있다. 위챗은 소셜 미디어, 핀테크, 쇼핑, 모빌리티 호출, 게임 등을 한데 묶은 중국인들의 필수 앱으로 월간 활성 사용자가 10억 명이 넘는다. 텐센트는 위챗 전까지는 포털 서비스와 게임 퍼블리싱이 주력 사업이었으나 2011년 위챗을 출시하며 모바일 영향력을 확대했다. 이 같은 위챗의 영향력을 알 수 있는 두 가지 사건이 있다. 스마트폰과 OS를 손에 쥔 애플을 위협한 사건이다.

CONFLICT 위챗 vs 애플

• 위챗 페이 중단 사건(2017) ; 위챗은 위챗 내 콘텐츠 발행자에게 돈을 보내는 '잔상(赞赏)'이라는 이름의 팁(Tip) 기능이 있는데 이는 자체 기능이다. 인앱 결제를 통하지 않아 앱스토어 수수료(결제 금액의 30퍼센트)가 발생하지 않았기에 애플은 2017년 4월 해당 기능을 중지시킨다. 텐센트는 역으로 위챗 내에서 아예 송금 관련 기능을 송두리째 삭제했는데, 이 때문에 아이폰 내 위챗은 메신저가 되어버렸다. 중국인 아이폰 유저는 양자택일에서 위챗을 선택한다. 결국 애플은 중국 내 점유율 감소로 고전하다 1년 만에 해당 기능을 복구하게 된다.

• 위챗 퇴출 행정명령(2020) ; 도널드 트럼프 전 미국 대통령은 2020년 8월 틱톡과 위챗 등 8개의 중국 앱을 보안 문제를 들어 미국에서 퇴출하는 행정 명령을 내렸다. 불똥은 애플에 튀었다. 아이폰은 중국 내 화웨이 독식을 뚫고 점유율을 늘려가던 참이었다. 당시 진행된 웨이보의 여론 조사에서는 80만 명 이상의 응답자 중 90퍼센트가 넘는 중국인이 위챗이 없는 아이폰을 쓰지 않을 것이라 답했다. 애플과 디즈니 등은 백악관에 우려를 표하기도 했다. 이 행정 명령은 조 바이든 미국 대통령이 2021년 6월 해제했다. 2021년 1~3분기까지 중국 스마트폰 시장 점유율에서 10퍼센트대를 차지했던 애플은 위챗 복구와 화웨이의 빈틈을 타 4분기에 점유율 22퍼센트로 올라섰다. MS와 머스크가 슈퍼 앱을 원하는 이유는 이처럼 애플을 흔들 수 있는

영향력이 있기 때문이다.

KEYPLAYER ASIA N' MEA

광고 대행사 덴츠(Dentsu)의 한 전략 수석은 슈퍼 앱에 대해 재밌는
말을 했다. "당신이 미국에 산다면 슈퍼 앱에 대해 들어 봤을 것이다.
만약 아시아에 산다면 아마 하나쯤 쓰고 있을 것이다." 2021년의
말이지만 아직 유효하다. 슈퍼 앱은 아시아에서 주로 성공을 거두며
폭발적으로 성장했다. 아프리카와 중동(MEA)이 뒤따르고 있다.
위챗을 포함해 인도의 페이티엠(Paytm), 싱가포르의 그랩(Grab),
인도네시아의 고젝(Gojek), 베트남의 잘로(Zalo) 등이 모두 슈퍼
앱이다. 우리나라 사람 중 네이버, 카카오, 쿠팡, 배달의 민족, 야놀자,
토스, 당근마켓 중 단 하나도 써보지 않은 사람은 소수일 것이다.
그렇다면 북미권에선 왜 슈퍼 앱이 생겨나지 못했을까?

©사진: Tada Images

RISK1 규제

미국 경제 매체 CNBC는 북미나 유럽이 개인정보 보호에 대한 규제가

심한 점을 이유로 들었다. 유럽의 GDPR과 DMA법은 빅테크의 저승사자로 불리고 미국 공정거래위원회(FTC) 역시 규제의 입김이 세다. 대표적 예로 유럽은 메타(Meta)와 구글에 이용자 동의 없이 개인정보를 수집해 광고에 썼다는 이유로 1000억 원의 과징금을 부과했다. 메타는 개인정보 유출 건으로 지난 11월 28일 3700억 원의 과징금을 추가로 부과받았다. 이용자 정보를 광범위하게 수집하고 분석해 활용해야 하는 플랫폼 특성상 개인정보에 대한 의식이 높은 북미나 유럽권에서는 슈퍼 앱이 등장하는 것이 어렵다.

RISK2 슈퍼 앱 전략의 함정

슈퍼 앱이 발달한 지역에서도 위험은 있다. 보통 슈퍼 앱으로 가는 길은 한 가지 분야의 서비스를 선점한 뒤 연계 혹은 파생 서비스를 파고들며 확장하는 방식이다. PC 시대에 포털을 중심으로 성격이 다른 서비스를 넓게 벌리는 플랫폼 전략과는 차이가 있다. 한 분야의 시장을 선점하는 과정에서 초기 플랫폼 사업자가 주로 채택한 방식은 아마존식 GBF(Get Big Fast)다. 수익을 일부 포기하더라도 빠르게 성장하며 규모를 키우는 이 방식은 아마존을 미국 이커머스 시장 점유율 50퍼센트로 만들었다. 하지만 슈퍼 앱 전략은 고품질 상품을 독점 계약해 네트워크 효과를 늘리면서도 고객에게 혜택을 주어 끌어들여야 하는 과제가 있다. 파격적인 보조금 지급은 플랫폼 간 가격 경쟁으로 이어졌다. 학계는 슈퍼 앱 전략이 모호성을 초래한다고 지적한다. 성장과 수익의 동시 추구는 마치 환경을 생각하면서도 성장을 꾀하려는 '지속 가능 성장'과 닮았다.

슈퍼 앱의 딜레마는 지역성에 있다. 기술 개발은 가능하지만 지역을 초월한 비즈니스 생태계 조성이 어렵기 때문이다. 이 때문에 글로벌 소셜 미디어는 많지만 글로벌 슈퍼 앱은 없다. 그나마 인스타그램이나 틱톡 등 소셜 미디어는 쇼핑 기능을 강화하고 있고 네이버는 국내 이커머스에 그치지 않고 포시마크를 인수하며 글로벌 C2C를 확대하려 한다. 다만 슈퍼 앱은 일상적인 것에 천착해야 한다. 자주 이용하는 다양한 서비스에서 일관되고 간소화된 사용자 경험을 제공하는 것이 핵심이기 때문이다. 지역별로 다른 문화와 개인정보 규정, 금융 생태계는 글로벌라이제이션의 대상이 아닌 로컬라이제이션의 대상이다. 글로벌 슈퍼 앱이 나오기 힘든 진짜 이유다.

이제 왜 글로벌 슈퍼 앱은 없는지 알겠지?

STRATEGY3 MS와 X의 돌파구

슈퍼 앱을 꿈꾸는 MS와 X의 전략은 어때야 할까? 《월스트리트저널》에 실린 딜로이트(Deloitte)의 기사는 아프리카 등 신흥 시장에서 슈퍼 앱이 성공한 이유로 차량 호출, 메시지, 디지털 지갑과 같은 여러 서비스를 초기에 통합해 지배력을 늘려 견인력을 얻었기 때문이라고 분석한다. 서구 시장의 플랫폼이 주로 버티컬 앱의 형태로 이미 확고한 위치를 나눠 가진 것과 대조된다. X가 트위터의 사용자를 잃지 않으면서 블록체인 생태계로만 슈퍼 앱을 구상한다면 현지화의 딜레마를 깰 수 있다. 기사는 또한 B2B 환경에서 슈퍼 앱 구성이 더 쉬울 것이라 진단한다. 경쟁자가 적기 때문이다. 이는 한국의 데카콘 야놀자를 연상케 하는 대목이다. B2B SaaS(서비스형 소프트웨어)에

강점이 있는 MS의 전략이 될 수 있다.

FORESIGHT 스마트폰 안의 스마트폰

슈퍼 앱 계획을 위협하는 것은 다름 아닌 스마트폰일 수 있다. 스마트폰과 앱의 등장은 이미 혁신이었다. 지금의 슈퍼 앱을 다르게 표현하자면 스마트폰 안의 스마트폰이라 할 수 있다. 슈퍼 앱도, 스마트폰도 앱을 제공한다. 달랐던 것은 단일한 사용자 인증 절차와 결제 시스템 정도다. 그러나 이 경계는 흐려지고 있다. 애플은 애플 페이를 확대하고 있고 하드웨어에 통합된 자체 기능과 인증 서비스를 강화하며 역으로 스마트폰을 슈퍼 앱화하고 있다. 여기에 OS 역시 잠재적 위험 요소다. 위챗처럼 OS 사업자를 위협할 수준의 확고한 시장을 확보하지 못하면 모바일 생태계를 쥔 애플, 구글 등의 OS 사업자에 취약하다. 무너지는 산업의 경계 속 모바일 시장 잠재적 승자는 스마트폰과 앱, OS를 모두 갖춘 애플이 될 가능성이 크다. **ⓣ**

©사진: Rubaitul Azad

  더 많은 이야기는 북저널리즘 라디오에서 만나요!

카카오 엔터테인먼트의 계열사 '스타쉽 엔터테인먼트'가
'엔씨소프트'의 팬덤 플랫폼인 '유니버스(Universe)' 인수를 추진하고
있다. 카카오에게 엔터 사업은 충분조건이 아닌 필요조건이다. 카카오
엔터테인먼트가 꿈꾸는 엔터 기업은 기존 엔터사와 무엇이 같고
다를까? __ 김혜림 에디터

BACKGROUND 유니버스

• 기 ; 바야흐로 팬덤 사업의 전성시대다. 'SM'의 팬덤 플랫폼 자회사인
'디어유'가 모회사인 SM의 시가총액을 뛰어넘었고, '하이브(HYBE)'는
네이버와 손을 잡고 자사의 팬덤 플랫폼인 '위버스'와 '브이앱'을
통합했다. 2021년, 이 춘추전국시대에 도전장을 내민 곳이 있다. 다름
아닌 게임 회사 엔씨소프트다.

• 승 ; 엔씨소프트의 첫 꿈은 원대했다. 게임 회사라는 장점을 살려
그래픽으로 승부를 보려 했다. K팝 스타의 아바타를 가상 공간에
구현해 아바타와 팬이 만날 수 있게끔 했다. 팬들의 반응은 시들했다.
실제 스타가 있는데, 아바타를 좋아할 필요가 없었다. SM이나 하이브와
달리 고유 IP가 없는 엔씨소프트는 플랫폼 자체를 세계관을 가진
기획사처럼 운용하려 했다. 기획사들이 하는 오리지널 콘텐츠, 이른바
'자컨'을 만들려 했고, 직접 온·오프라인 행사를 기획했다. 그럼에도
역시 인기를 끌었던 건 스타와 메시지를 주고받는 기능인 '프라이빗
메시지', 일명 '프메'였다.

• 전 ; 지난 9월, 배우 이동욱의 프라이빗 메시지가 소소한 화제를
끌었다. 팬을 향한 진정성이 담긴 마음을 유니버스의 메시지 기능으로
전한 것이다. 이 소소한 사건은 표면적으로 유니버스의 승리였지만
근본적으로는 유니버스의 패배이기도 했다. 결국 사람들이 좋아하는
것은 플랫폼의 지향이나 모습이 아닌 사람, 즉 IP였기 때문이다.
어쩌면 엔터 사업의 숙명이었다. 핵심 IP가 없는 유니버스는 사람들이
좋아하는 것을 할 수 없었다. 당시 인기를 끌었던 이동욱은 카카오
엔터의 계열사인 '스타쉽 엔터테인먼트'의 소속 배우였다.

• 결 ; 결국 유니버스는 엔씨소프트의 강점을 드러내지 못했다. 엔씨의 유니버스에는 SM이 가진 세계관이나 하이브가 내세우는 기획사와 콘텐츠, 서비스의 연결도 없었다. 후발 주자이기 때문에 보여줘야 했던 차별 지점조차 인상을 남기지 못했다. 유니버스를 운영하는 엔씨의 자회사 '클렙'은 올 3분기 매출 88억 원, 영업 손실 3억 원을 기록했다. 지난 1분기부터 이어진 적자다.

©사진: wollertz

ANALYSIS1 후발주자, 그게 전부?

유니버스의 실패 원인은 늦게 출발했다는 것에만 있지 않았다. 이른바 '현질 유도'라는 게임의 문화를 팬덤 문화에 무리하게 적용하려 했다. 특정 사진을 다운로드하기 위해서는 플랫폼 내 재화를 지불해야 했다. 팬과 게이머 모두 하나의 IP를 좋아한다는 느슨한 공통점을 갖고 있으나, 그 애정의 양상은 다르다. 이미 게임 회사라는 이름이 붙여진 엔씨소프트에게, 그리고 실제로 스타를 위한 기획을 실제로 진행하지 않는 게임 회사에게는 팬과 소속사 사이에 존재하는 유대감이 없었다. 이런 상황에서 결제 유도는 외려 독이 됐다. 다양한 지점에서 유니버스가 팬덤 문화를 제대로 이해하고 있지 않다는 사실이 드러났다.

DEFINITION 카카오 엔터테인먼트

카카오 엔터테인먼트의 이진수 대표는 2010년, 김범수 의장을 최대 주주로 영입해 새로운 사업을 시작한다. 이름은 '포도트리'였고, 교육 서비스였다. 몇 차례의 위기를 넘긴 포도트리는 2013년 '카카오 페이지'로 방향을 바꾼다. 카카오 페이지는 콘텐츠를 분절 판매하는 방식을 도입한 콘텐츠 오픈 마켓 플랫폼이다. 사업 확장을 반복한 뒤, 2021년에는 사명을 카카오 엔터테인먼트로 바꾼다. 카카오 엔터테인먼트는 현재 웹툰, 소설, 드라마, 음악, 뉴미디어까지 다양한 분야의 IP를 8500개가량 갖고 있다. 크게는 미디어, 스토리, 뮤직으로 분류된다.

 지금은 익숙한 분절 판매 방식! 카카오가 시작했구나

RECIPE 뷔페

전통적인 제작사나 기획사가 아니었던 카카오 엔터테인먼트의 생존 전략은 공격적인 인수 합병이었다. 이 전략은 엔터 분야의 꾸준한 단점으로 지적됐던 단기 수익만을 위한 수단, 높은 리스크 등을 떠받치기에도 좋았다. 현재 카카오 엔터에 소속된 계열사는 무려 63곳으로, 웹툰, 웹소설, 영화, 드라마, 예능을 모두 유기적으로 아우른다. 계열사인 '영화사 월광'이 제작한 넷플릭스 오리지널 〈수리남〉은 넷플릭스에서 14개국 1위를 차지했다. 역시 카카오 엔터의 계열사인 '영화사 집'이 제작한 영화 〈브로커〉는 칸 영화제에서 수상하며 작품성을 인정받았다. 일견 다른 회사의 작품 같지만 모두 카카오 엔터의 워터마크 안에 있다. 카카오 엔터테인먼트의

비즈니스 모델은 정확한 타깃을 설정하고 원하는 콘텐츠를 제공하는
오마카세보다, '네가 원하는 게 하나쯤은 있겠지' 종류의, 뷔페에
가깝다.

ANALYSIS2 카카오의 경쟁자

조금 더 근본적인 질문을 던져보자. 카카오에게 카카오 엔터테인먼트는
왜 중요할까? 2021년 4분기, 카카오 종속 회사의 총 매출 중
콘텐츠가 차지하는 비율은 무려 44퍼센트였다. 엔터와 콘텐츠는
매출을 채우는 든든한 수호자이기도 했지만 단지 매출만이 그
이유는 아니다. 경쟁사라고 할 수 있는 통신사가 콘텐츠와 엔터 계에
공격적으로 뛰어들고 있다. KT는 미디어 플랫폼 확장을 향한 포부를
밝혔다. KT의 '스튜디오 지니'는 웹툰, 웹소설, 드라마를 제작하고
〈이상한 변호사 우영우〉라는 히트작을 냈다. LG U+는 토종 OTT인
왓챠를 인수하겠다고 나섰다. 카카오는 모든 분야를 아우르는
'아마존화(Amazonization)'를 꿈꾼다. 그런 카카오에게 엔터는
충분조건이 아닌 필요조건이다.

RISK 카카오 엔터의 경쟁자

통신사, 플랫폼만이 카카오의 적은 아니다. 카카오 엔터의 영향력이
커질수록, 그들을 위협하는 건 전통적인 엔터 강자다.

• 세계관과 IP ; 하이브는 다양한 멀티 레이블 체제를 통해 IP의
수를 늘리고, OSMU를 공격적으로 강화하고 있다. SM에는 모든 IP를
연결하는 세계관이 있다. 최근 SM은 오프라인 공간인 '광야@서울'을

오픈했다. SM의 팬덤 경험은 스크린을 넘어 직접 움직이고 설 수 있는
공간에 놓인다.

• IT ; 전통적인 강자는 한편으로 새로운 위협으로도 떠오르고
있다. 하이브의 방시혁 의장은 음악과 콘텐츠를 중심으로 한 기술
융합을 꿈꾼다. 지난 7월, 하이브는 기술 연구 개발을 수행하는
법인 '바이너리코리아'를 설립하고 인공지능 음성 기업 '수퍼톤'을
인수하기도 했다. 박지원 대표는 "기술과의 융합을 통해 업계의 혁신을
주도하고 업의 경계를 확장해 지속적이고 폭발적인 성장을 이룰
것"이라고 강조했다.

나만 광야에 빠져 사는 건 아니지?

STRATEGY 기획사보다는 유통사

새로운 위협과 전통 강자에 맞서 카카오 엔터가 택한 전략은 제작과
기획에 집중하는 것이 아니었다. 그보다는 유통망과 네트워크 건설에
가까웠다. 카카오 엔터에는 확고한 모습의 콘셉트가 없다. 적극적인
인수 합병을 통해 다양한 결의 작품을 대량으로 만들어내고, 그를
또 다른 유통사에 배급한다. 콘텐츠의 중간 물류 창고가 되기 위해
카카오는 비싼 값에 제작사를 사들였다. 외부에서는 비싼 값에
영업권을 인수하는 카카오를 걱정스레 바라보기도 했지만 카카오의
의지는 확고했다. 그와 함께 콘텐츠를 생산하는 자회사의 가치도
올라갔다. 이런 점에서 카카오 엔터테인먼트의 행보는 디즈니보다는
롱테일 전략을 취하는 넷플릭스와 비슷하다. 카카오 엔터는 디즈니처럼
세계관이 흔들릴 위험이 없다. 한편으로는 넷플릭스처럼 구독자

수에 연연하지 않아도 된다. 카카오 엔터테인먼트의 사업은 전통적
엔터 사업보다는 플랫폼의 모습에 가깝다. 각지에서 만들어진 IP는
카카오를 거쳐 수많은 가게에 진열된다.

INSIGHT 카카오에게 유니버스가 필요한 이유

그렇다면 카카오에게 유니버스는 왜 필요했을까. 답은 플랫폼이 된
엔터 사업을 통해서만 그릴 수 있는 카카오의 커다란 그림에 있다.
바로 커뮤니티 강화다. 카카오 엔터에 소속된 계열사들은 이미 팬덤과
스타를 관리해 온 경력직들이다. 그들은 팬과 커뮤니티가 무엇을
원하는지 알고 있다. 커뮤니티 조직력은 기존 유니버스에게는 부족했던
능력이고, 카카오에게는 지금 필요한 능력이다. 카카오는 카카오톡을
관심사 기반의 커뮤니티로 재편하려 한다. 강력한 커뮤니티를 자랑하는
팬덤 문화는 카카오의 미래 계획에 도움을 줄 수 있다. 팬덤은 명확한
관심사와 반복적이고 일관된 소통, 커다란 확장 가능성을 가졌다.
유니버스가 스타쉽 엔터를 넘어 카카오 엔터에 소속된 계열사 전체를
엮는다면 이곳저곳에 퍼져있는 콘텐츠를 한 곳에 모을 수 있다. 다양한
관심사를 가진 이들이 자신의 관심사를 통해 말하는, 이상적 모습의
커뮤니티다.

©사진: REDPIXEL

FORESIGHT 가능성?

그렇다면 카카오 엔터의 유니버스는 더 큰 가능성을 꿈꿀 수 있다. 엔씨소프트의 원대한 기획이었던 가상 공간과 아바타를 더욱 적극적으로 활용해볼 수 있을 것이다. 인기 웹툰과 웹소설의 주인공을 아바타로 구현해 메타버스에서 팬들과 소통하게끔 만들 수 있다. 또한 카카오 페이지에서 활동하는 9400여 명의 작가 풀을 이용해 연예인과 셀러브리티로 한정됐던 팬덤 기능의 범위를 인기 작가나 콘텐츠 제작자로 넓힐 수 있다. 확장이 더 진행된다면 사람이나 음악 IP 뿐 아니라 텍스트, 웹툰, 가상 캐릭터로 나아갈 수도 있을 것이다. 무함마드 빈 살만 사우디아라비아 왕세자의 1조 원 투자 발표는 카카오 엔터의 더 큰 꿈에 바람을 불었다. 카카오가 꿈꾸는 것은 플랫폼이 된 엔터 기업이다. 그에 맞춰 팬덤 플랫폼도 무한히 확장할 것이다. ❶

국내 슬리포노믹스 시장이 3조 원대 규모로 성장하며 블루오션으로 주목받고 있다. 그 이면엔 자의로, 타의로 '잠 못 드는 세대'가 있다. 잠 못 드는 밤은 빚이 되어 돌아온다. __ 정원진 에디터

BACKGROUND 슬리포노믹스

잠 못 드는 현대인들이 자그마치 3조 원대 시장을 만들어 냈다.
한국수면산업협회에 따르면 10년 전 4800억 원 수준이던 국내
슬리포노믹스 시장은 10년 만에 다섯 배 성장했다. 아로마 오일부터
매트리스, 수면제 처방에 이르기까지 숙면을 위한 모든 제품이
슬리포노믹스(sleeponomics)에 포함된다. 수면 상태를 진단하고
수면의 질을 개선하는 기술 '슬립 테크(sleep-tech)'도 큰 관심을

받고 있다. 세계 최대 IT가전 전시회인 국제전자제품박람회(CES)는
2019년부터 슬립테크관을 운영하고 있다. 글로벌마켓인사이츠에
따르면, 글로벌 슬립 테크 시장은 2021년 150억 달러, 우리 돈 약 21조
원이었다. 2026년까지 321억 달러, 우리 돈 약 46조 원 규모로 성장할
것으로 전망된다. 슬리포노믹스가 블루오션으로 주목받고 있지만
이를 블루오션으로만 보는 시선은 위험하다. 이건 잠 못 드는 사회에
빨간불이 들어왔다는 뜻이다.

NUMBER 67만 명

슬리포노믹스의 빠른 성장 뒤엔 잠 못 드는 세대가 있다.
국민건강보험공단의 질환별 진료 통계 자료에 따르면, 2021년 약 67만
명이 불면증으로 병원을 찾았다. 2016년 49만 명에서 약 35퍼센트
증가한 수치다. 특히 어린이 불면증이 늘고 있어 문제가 되고 있다.
건강보험심사평가원에 따르면 0~9세 어린이 불면증 환자의 증가 폭이
두드러진다. 0~9세 어린이 불면증 환자는 2020년 178명에서 2021년
244명으로 늘었다. 10~19세 청소년도 올 상반기 전년 동기 대비
7.2퍼센트 증가했다. 일반적으로 불면증 환자는 연령대가 올라갈수록

느는데, 낮은 연령대 환자가 폭증하는 이례적인 현상이 일어난 것이다.

> 불면을 표현할 수 있는 나이부터 따진다면
> 사실상 범위가 더 좁아지겠군요

DEFINITION 수면 빚

잠들지 못한 밤은 빚이 되어 돌아온다. 우리나라 평균 수면 시간은
7시간 49분으로, OECD 국가 중 최하위다. 반면 수면 빚(sleep debt)은
가장 높다. 수면 빚은 수면 부족 시간을 연 단위로 누적한 것을
말한다. 프리미엄 매트리스 브랜드 씰리침대는 한국, 호주, 중국, 영국,
남아프리카공화국까지 5개국을 대상으로 '씰리 슬립 센서스(Sealy
Sleep Census)'를 실시했다. 이 조사에 따르면, 한국의 연간 수면 빚은
여성 15일, 남성 18.5일로 5개국 중 가장 높았다.

©사진: Creativa Images

RISK 진짜 원인

슬립 테크는 대부분 생체 리듬에 영향을 끼치는 물리적 요소를 조절해
숙면을 돕는다. AI 기술을 통해 생체 리듬에 최적화된 빛, 온도, 소리를
제공하는 조명, 매트리스, 헤어밴드 등이다. 하지만 아직 실제 효과가

입증되지 않았다. 사용자 후기로만 알 수 있을 뿐이다. 헬스케어 전문 컨설팅 기업 록 헬스 어드바이저리의 조사에 따르면, 수면 웨어러블 기기 사용자의 약 40퍼센트가 "원하는 숙면 효과를 느끼지 못해 기기 사용을 중단했다"고 답했다. 생체 리듬에만 초점을 맞춘 기기는 한계가 있다는 뜻이다. 다시 말해, 슬립 테크가 수면을 도울 순 있어도 수면 부족의 궁극적인 해결 방안은 될 수 없다.

ANALYSIS 잠 못 드는 세대

그렇다면 현대인이 잠 못 드는 이유는 무엇일까? 수면 장애의 인지적 행동 모델을 만든 심리학자 찰스 모린은 스트레스, 과도한 업무 등의 정서적·인지적 각성이 현대인의 수면에 큰 영향을 끼친다고 분석했다.

• 사당오락과 미라클 모닝 ; 엠브레인 트렌드모니터의 조사에 따르면, 응답자 57퍼센트가 '돈을 위해 잠을 포기할 수 있다'고 밝혔다. 1970년대에 사당오락(四當伍落)이라는 신조어가 등장했다. '네 시간 자면 붙고 다섯 시간 자면 떨어진다'는 뜻이다. 잠을 희생하는 이러한 성공 신화는 '미라클 모닝'이라는 이름으로 지금까지 이어지고 있다.

• 리벤지 수면 장애 ; 바쁜 일과는 역설적으로 다시 잠을 희생하는 결과로 이어진다. 낮에 일 외의 생활을 충분히 누리지 못한 것에 대한 보상 심리로 취침 시간을 미루는 현상을 '보복성 취침 미루기(Revenge Bedtime Procrastination)'라고 하는데, 이는 수면 장애의 원인이 된다. 2014년 네덜란드 위트레흐트대 연구진은 사람들이 수면 시간을 줄이면 자신의 삶을 통제할 수 있다고 '착각'하는 경향이 있다고 설명했다.

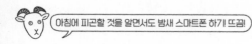
아침에 피곤할 것을 알면서도 밤새 스마트폰 하기I 뜨끔!

또 누군가에겐 잠도 불평등하다.

• 경제 수준 ; 2015년 하버드 카이저 재단의 연구진은 경제 수준에
따른 수면 불평등에 주목했다. 연구팀은 취약 계층의 주거지가
소음이나 빛 공해 등에 더 많이 노출되어 있다는 점을 설명한다. 또
취약 계층이 호소하는 영양 불량, 운동 부족 문제는 모두 수면에
악영향을 미치는 요인이라고 지적한다.

• 근로 환경 ; 교대 근로자는 근무 시간에 따라 수면시간이 정해진다.
불규칙한 수면 패턴을 전제로 하는 교대 근로자의 수면 장애 유병률은
일반 근로자에 비해 두 배 높다. 재난 현장의 근로자들도 높은 수면
장애 유병률을 보인다. 재난 현장에 투입되는 소방관 10명 중 3명은
스트레스로 인한 수면 장애를 호소하고 있다.

• 기후 변화 ; 덴마크 코펜하겐대 연구진은 기후 불평등은 잠까지
이어진다고 분석한다. 체온은 24시간을 주기로 조절되는데, 온도가
낮아질 때 쉽게 양질의 잠에 들 수 있다. 지구온난화가 심한 지역
주민일수록 수면 손실 정도가 크다. 그 중에서도 체온 조절력이 약한
노인과 냉방기 사용률이 낮은 지역 주민이 더 큰 영향을 받는다.

서울의 야경을 만드는 건 야근이죠

INSIGHT 손실의 손실

인간은 자발적으로 수면 시간을 줄이는 유일한 종이다. 잠이란 일과는

개인적이나 잠 못 드는 이유는 그렇지 않다. 끊임없이 무언가를 만들어 내야 하는 현대 사회에서 수면은 비생산적인 활동이 됐다. 생산을 위해서 언제든 포기할 수 있는 것이 됐다. 그렇다면 잠들지 않는 것은 생산적인가? 잠의 손실은 또 다른 손실로 이어진다. 2018년 경기연구원의 조사에 따르면, 국내 근로자들의 수면 부족으로 인한 생산성 손실은 11조 원에 달한다. 미국에선 질 낮은 수면이 미국 경제에 연간 4000억 달러, 우리 돈 약 573조 원 규모의 손실을 끼친다는 연구 결과가 나왔다. 호주는 수면 부족으로 인한 직·간접적 비용이 GDP의 1퍼센트에 달하는 것으로 추정하고 있다.

FORESIGHT 비생산적인 생산의 시간

미국질병통제예방센터(CDC)는 수면 부족을 '공중보건 전염병'으로 정의했다. 앞서 언급된 경기연구원의 조사에 따르면 국내 수면 장애 진료비는 이미 2016년에 1178억 원을 넘겼다. 슬리포노믹스의 성장은 언제든 사회적 손실로 돌아올 수 있다는 뜻이다. 슬리포노믹스의 성장은 잠과 반비례한다. 그저 시장의 가치로 환산하면 잠 못 드는 이유는 지워진다. 잠마저 돈으로 사는 시대의 이면엔 과도한 경쟁과 성과주의가 있다. 경쟁이 잠들지 않는 사회에서 잠은 언제나 비생산적인 시간일 뿐이다. 지금 잠 못 드는 세대에게 필요한 건 잠, 휴식, 나아가 과정을 긍정할 수 있는 분위기다. '비생산적인 생산의 시간'이 없다면 사회는 계속 고갈될 것이다. ●

  (더 많은 이야기는 북저널리즘 라디오에서 만나요!)

올해 세계 풍력 발전이 역대 최대치를 기록할 예정이다. 한국 풍력 발전은 기술 존속과 자원 유출의 위험이 있다. 풍력 에너지가 국민적 공감대를 얻기 위해 필요한 것은 기술의 고도화다. _ 이다혜 에디터

BACKGROUND 재생 에너지

재생 에너지 전환은 전 지구적 과업이지만 그 목적은 각기 다르다.
누군가는 자원 고갈과 기후 위기에 대비한다. 누군가는 탄소세를 비롯한
경제 위기를 우려한다. 누군가는 새로운 투자 기회를 엿본다.

DEFINITION 풍력

재생 에너지다. 바람의 운동 에너지를 전기 에너지로 전환하는 것이다.
육상 풍력과 해상 풍력으로 나뉜다. 설치 기간이 비교적 짧고 대규모
설치 시 발전 단가가 낮다는 게 장점이다. 발전기 실점유 면적이 적어
부지 활용성이 높다. 관광 자원으로도 활용 가능하다. 단점으로는 계통
안정성 외에 생활권 침해(소음·진동·그림자), 조류 폐사, 생태계 교란,
폐기물 처리비 등이 지적된다.

ⓒ사진: Li Ding

NUMBER1 1000기가와트

전 세계에 설치된 풍력 발전은 얼마나 될까? 올해 상반기 기준

누적874기가와트(GW)다. 세계풍력에너지협회(WWEA)는 올해
하반기까지 합치면 연간 총 110기가와트를 보급할 것으로 전망한다.
역대 최대 수준이다. 올해 예상 누적 설치 용량은 955기가와트다.
그렇게 되면 내년 전 세계 풍력 발전 보급량은 1000기가와트를 가뿐히
돌파한다.

NUMBER2 1000 vs 2

• 1000기가와트 ; 올해 상반기 기준 전 세계 설치된 풍력 발전은 누적
874기가와트(GW)다. 세계풍력에너지협회는 올해 하반기까지 합치면
연간 총 110기가와트를 보급할 것으로 전망한다. 역대 최대 수준이다.
올해 예상 누적 설치 용량은 955기가와트다. 그렇게 되면 내년 전 세계
풍력 발전 보급량은 1000기가와트를 가뿐히 돌파한다.

• 2기가와트 ; 우리나라의 풍력 발전량은 어느 정도일까.
2021년 말 기준 전국 풍력 발전은 1.7기가와트(1705.2메가와트)
수준으로 매우 낮다. 신규 설비 용량이 가장 많았던 해는
2015년(224.35메가와트)였다. 이후 지속적인 하락세를 보이다 2021년
63.6메가와트 수준으로 급락했다.

KEYPLAYER 중국

• 세계는 중국에 집중한다. 중국은 2020년 에너지 연구·개발에 80억
달러, 한화 약 10조 6000억 규모를 투자했다. 당시 기준 중국은 세계
재생 에너지 기술 분야 특허의 75퍼센트 이상을 차지했다.

• 중국의 재생 에너지 시장은 전반적으로 폭발적인 성장세를 보인다. 중국은 지난해 52와트 풍력 발전 설비를 신규로 설치했다. 세계 신규 설치량의 55.9퍼센트를 차지하는 규모다. 2019년 이후 육·해상 풍력 모두 신규 설치량 1위를 차지하고 있다.

 • 전 세계 풍력 발전 설치 순위는 중국, EU, 미국이 부동의 1·2·3위를 차지하고 있다. 중국은 재생 에너지에 투자할 수 있는 부지가 압도적으로 넓다. 풍력 발전의 내수 시장은 대부분 자국 업체로 이뤄져 있다는 것 또한 강점이다. 최근엔 광저우시에 세계에서 가장 큰 풍력 발전소를 설치하겠단 계획을 밝혔다.

MONEY LCOE

풍력의 원료(바람)는 공짜다. 관건은 발전 비용을 낮추는 것이다. 중국 풍력 발전기의 특징은 크다. 기술 발전으로 발전기가 점차 대량화되고, 이에 따라 LCOE(균등화 발전 비용)가 적게 든다. 글로벌 컨설팅 기업 우드맥킨지는 중국 풍력 발전 단가가 2026년쯤엔 석탄 화력 발전 단가와 비슷해질 것으로 전망한다.

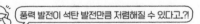

풍력 발전이 석탄 발전만큼 저렴해질 수 있다고.?!

CONFLICT 해상 풍력 단지

한국의 상황은 어떨까. 지난 2020년 7월 문재인 정부는 2030년까지 12기가와트 규모의 해상 풍력 단지를 조성하겠다고 밝혔다. 전북 서남권을 중심으로 해상 풍력을 키우는 프로젝트다.

• 수산업 ; 이는 곧 업계의 반발에 부딪쳤다. 어민들은 선박 통항 장애, 어로 활동 금지에 따른 피해를 우려한다.

• 풍력산업 ; 재생 에너지는 미래 산업이다. 발전 단가와 별개로 투자와 지원금이 몰린다. 한국풍력산업협회는 국내 풍력산업계를 구성하는 기업 및 기관들이 모인 조직이다.

• 국회 ; 정치적 레토릭은 어업과 풍력산업의 관계를 갈등 구조로 가시화했다. 2021년 5월 더불어민주당 김원이 의원은 풍력발전보급촉진특별법을 발의했다. 국내 풍력 사업 인·허가를 간소화하는 것이 골자다. 1년 반째 상임위원회를 통과하지 못했다. 2022년 10월 10일 국민의힘 구자근 의원실은 한국에너지공단이 제출한 '해상풍력 관련 수산업 실태조사 및 공존 방안 모색 연구'를 공개했다. 2020년 11월 기준 국내 68개 발전소에서 추진된 해상 풍력 발전으로 인해 서·동·남해안에 걸쳐 어민 12만 1395명이 직접적인 피해를 입는다고 밝혔다.

> 풍력 발전을 두고 지역 주민간의 갈등도 많이 일어나겠군!

RISK1 생산업체

지난해 상반기 기준 국내 풍력 발전 시장에선 덴마크의 베스타스가 34.3퍼센트 점유율로 압도적인 1위였다. 이어 유니슨(15.4퍼센트), 두산중공업(13.4퍼센트), 지멘스가메사(10.0퍼센트)가 높은 점유율을 차지하고 있다. 생산업체의 60퍼센트 이상을 외국계 기업이 쥐고 있다. 기술 종속에 따라 에너지 산업 자체가 해외 자본에 넘어갈 우려가 제기된다.

RISK2 자원 유출

더 큰 문제는 자원의 해외 유출이다. 공공재로 운영하는 발전 사업이 투기성 해외 자본에 의해 좌지우지된다. 이는 세금 유출 및 전기세 인상의 위험으로 이어질 수 있다.

• 경북 영양 풍력 단지는 국내 민간사업 풍력 발전으로는 최대 규모다. 지난 2013년, 호주계 세계 최대 인프라 투자사 맥쿼리(Macquarie)는 영양의 풍력 발전소를 매입했다. 5년간 운영 후 매각했다. 경북 영덕군 풍력 발전 단지도 비슷하다. 맥쿼리는 2011년 독일 풍력 발전 업체 유니슨이 운영하던 영덕 소재 풍력 발전기를 전량 사들였고 2019년 매각했다.

• 맥쿼리는 에너지 기업이 아니다. 펀드 회사다. 2014년부터 2019년까지 맥쿼리가 영양 풍력 발전에서 취득한 신종자본증권 이자 규모는 약 580억 원이다. 평균이자율 17퍼센트 선이다. 영덕의 경우 더했다. 2012년부터 2019년까지 25퍼센트의 이자율로 매년 44억 원의 이자 비용을 취했다. 펀드사가 높은 이자를 챙기니 발전소는 당연히 적자일 수밖에 없는 구조였다.

 • 올해 8월 부산 해운대구의회가 부산 청사포의 해상 풍력 발전 사업 백지화를 촉구했다. 해당 사업의 펀드사는 GIG(그린인베스트먼트그룹)다. GIG의 지배회사는 맥쿼리다. 참고로 GIG 최우진 전무는 한국풍력산업협회 이사를 맡고 있다. 공공재를 활용한 펀드사의 고리 대금업은 또 한 번 현실이 될 수 있다.

INSIGHT 자연이라는 재화

석탄이나 석유는 가격을 지불하고 원료를 구입한다. 반면 바람은 공유
자원이다. 원료가 공짜다. 그 자체로 지역 사회의 일부이자 주민의
재산이다. 공유 자원(resource)을 공공재(goods)로 보는 인식과
제도가 필요하다. 우리나라에선 지난 2011년 5월 제주특별자치도가
처음으로 '풍력 발전 지구' 제도를 도입했다. 제주특별법 제 304조에선
"도지사는 제주자치도의 풍력 자원을 공공의 자원으로 관리하여야
한다"는 내용을 명시한다. 또한 2017년 3월, '제주특별자치도
풍력발전사업 허가 및 지구 지정 등에 관한 조례'를 발표했다. 핵심은
공적 자원 사업체가 개발 이익 공유화 계획을 지자체에 선제출해야
한다는 것이었다.

현 정부의 시선은 원전 기술 개발 및 수출을 향한다. 이는 재생 에너지에 대한 국민적 불신과 원전의 대체재가 부재하다는 여론의 증거다. 주민 수용성 논란을 넘어 풍력이 유의미한 에너지 자원이라는 국민적 공감대가 형성되기 위해선 무엇보다 안정성 문제가 해결돼야 한다. 주목할 것은 에너지 저장 장치(ESS·Energy Storage System)다. 대규모 중앙 집중형 에너지 공급을 탈피한 분산형 에너지 저장 방식이다. 과잉 생산량을 저장하거나 다른 지역에 위치한 발전소로 가능하다. 국내 ESS 시장은 2년 전 화재 사고와 함께 중단했으나, 세계 재생 에너지 전환이 가속화하며 관련 안전 계획이 발표되고 있다. ESS를 비롯한 기술의 고도화로 풍력을 비롯한 재생 에너지가 국민적 신뢰를 얻을 때, 한국의 에너지 시장도 글로벌 흐름에 대응할 수 있을 것이다. ●

바람은 공짜지만 우리 모두의 재산이 될 수 있겠군!

중국에서 제로 코로나 항의 시위가 반정부 시위로 번지며 전국적으로
이어졌다. 대만은 집권 민진당이 지방 선거에서 패하며 차이잉원
총통이 당 주석직을 내려놨다. 중국과 대만, 두 정치 지도자는 왜
흔들리고 있으며 그 의미와 여파는 무엇인가? __ 이현구 에디터

DEFINITION 색의 시대

색의 시대다. 지난 미국 중간 선거의 화두는 레드 웨이브의 존재 여부였다. 남미 지역은 브라질의 좌파 대부 룰라 대통령이 당선되며 핑크 타이드가 강해지고 있다. 지난 COP27의 화두는 그린워싱이었으며 검은 석유의 시대가 끝나고 있다. FIFA는 2022 카타르월드컵에서 성소수자 인권을 뜻하는 '무지개 완장' 착용을 저지해 논란이 일었고, 파업이 이어지는 한국에서는 노동조합의 쟁의 행위를 보호하는 취지의 '노란봉투법'이 발의되고 있다. 한편 지난 2022년 11월 말 중국과 대만의 두 지도자는 각각 다른 색 물결을 맞았다. 시진핑 중국 국가 주석이 마주한 흰색, 차이잉원 대만 총통이 마주한 푸른색은 각각 그들의 국내 정치적 위기를 의미한다. 이 물결이 가져올 변화에 전 세계가 집중하고 있다.

CONFLICT1 백지

중국 공민들이 백지를 들었다. 쓰이지 못한 글자는 "자유"다. 베이징과 상하이 등 주요 도시에서는 11월 25일부터 '제로 코로나'에 반대하는 시위가 격화하며 며칠 동안 이어졌다. 코로나19 방역을 위한 봉쇄를 멈추라는 게 골자다. 시위대는 중국 당국의 검열에 항의하는 뜻으로 백지를 들었다. 글자는 지울 수 있어도 목소리를 지울 순 없다. 시 주석과 중국공산당(이하 중공) 퇴진을 요구하는 구호까지 나왔다. 베이징에서는 1000명 이상의 시민이 베이징 싼환루(三环路, 3환로) 량마허(亮马河, 양마강)를 따라 두 그룹으로 모였고 28일 새벽까지 해산을 거부하며 경찰과 대치했다. 상하이, 청두, 우한, 광저우, 정저우, 티벳 등에서도 동시다발적으로 시위가 벌어졌다. 개인을 검열할 순 있어도 군중을 검열할 수는 없다. 중공에게 군중은 통제의 대상이지만 동시에 그들은 '톈안먼 항쟁' 이후 중국의 국제적 고립을 기억한다. 시위 영상을 실시간 삭제하고 과격한 시위대 일부를 체포했지만 그 이상의 강경 진압이 어려운 이유다. 결국 당국은 단계적으로 봉쇄를 해제한다는 조치를 발표했다.

©사진: BBC

BACKGROUND 우루무치

시위의 트리거가 된 것은 신장 웨이우얼(위구르) 자치구 우루무치(乌鲁木齐, Urumqi)에 있는 아파트 화재 참사였다. 우루무치는 신장 위구르의 중심 도시다. 8월 초부터 봉쇄 중이다. 현지시간 11월 24일, 우루무치의 한 아파트 건물 15층에서 불이 났고 고층으로 번졌다. 불은 3~4시간 만에 진화됐지만 열 명이 숨지고 아홉 명이 다쳤다. 피해는 왜 커졌을까?

• 최초엔 건물이 봉쇄되어 있었다는 주장이 있었다.
《사우스차이나모닝포스트》에 따르면 신장의 공직자들은 건물 입구가 폐쇄되어 있지 않았고 유독 가스 흡입으로 혼선이 빚어지며 참사가 일어난 것이라 주장했다. 정작 네티즌들에 의해 밝혀진 바는 방역 정책을 위해 설치한 각종 장애물 때문에 소방차가 원활히 사건 현장으로 진입하지 못했다는 사실이다.

• 화재 발생 인근 주거 단지의 한 남성은 BBC와의 인터뷰에서 다음과 같이 말했다. "우리 신장 사람들은 건물 문이 잠겨있지 않더라도, 법을 어기는 것이라 허가 없이 감히 아래층으로 내려갈 수 없다." 당국은 방역을 단계적으로 해제할 것이라 밝혔지만 주거 건물에서 화재가 발생할 경우 꼼짝없이 사망할 수 있다는 불안감이 커졌다.

• 우루무치의 한 시민이 경찰에게 구타당하는 영상이 퍼지며 시위는 촉발됐다. 위구르인들이 많이 살아 우루무치중루(乌鲁木齐中路)라고 이름 붙여진 상하이 거리에서는 참사 피해자 추모 집회가 열렸다. 자국 내 탄압받아 온 소수 민족의 죽음이 시위를 촉발했다는 점에서 이란의 '아미니 시위'와도 유사한 지점이 있다.

NUMBER 3+1

이 시위는 세 가지 면에서 급진적이다. 전례 없는 규모라는 점, 시 주석과 중공을 직접 비난한다는 점, 우루무치 독립까지 요구된다는 점이다. 권력을 향한 비난의 중심엔 학생 시위가 있다. 톈안먼 6.4 항쟁 당시에도 대학생이 큰 역할을 했다. 시 주석의 모교 베이징 칭화대를 비롯 중국 전역의 50개 대학교에서는 자유라는 키워드를 포함, 시 주석의 3연임을 독재로 규정하는 '종신 통치자', '황제' 등의 키워드가 나왔다. 우루무치 독립 역시 '하나의 중국'과 정면 배치되는 사안이다. 시 주석의 정치적 위기가 거론되는 이유다. 그럼에도 전문가들은 이 시위가 톈안먼 시위 때와는 양상이 다를 것으로 봤다. 미국 예일대학교 정치학 조교수인 대니얼 매팅리는 영국《가디언》의 보도에서 이 시위가 중공에게 압박이라는 점은 분명하지만 시 주석이 중국의 엘리트와 군대를 자신의 편으로 삼는 한 권위가 흔들리는 수준의 위협은 오지 않을 것이라 진단했다.

RISK 상하이

매팅리 교수의 말대로 중국의 민주화 혹은 중공 전복은 대항 세력을 이끌 엘리트나 군사력을 필요로 한다. 중공은 이제껏 공청단, 태자당, 상하이방이 권력을 나눠 갖는 집단 지도 체제였고 내부 분란이 밖으로 잘 드러나지 않아 강력한 통치 기반을 구성할 수 있었다. 그러나 이 시위에는 위에 거론한 것 이외에도 숨은 문제가 하나 더 있는데, 특히 상하이의 분노와 결합할 수 있다는 점이다. 시 주석을 위시한 태자당은 베이징 기반이며 반대파인 상하이방은 상하이 기반이다. 이제껏 베이징은 정치적 중심지로, 상하이는 경제적 중심지로 대표됐다. 그러나 시 주석은 중국의 권력 구도를 베이징으로 옮겨오고자 했다. 대표적인 것이 베이징 증권 거래소 설립이다. 상하이 출신 정치 세력을 견제하며 경제 통제권을 장악하기 위한 시도로 풀이된다. 봉쇄로 큰 타격을 입었던 상하이에 정치적 반대 세력이 등장할 경우 시 주석의 정치적 위기 혹은 내란으로 연결될 가능성이 있다.

상하이방의 장쩌민 전 주석이 11월 30일에 사망하기도 했지

독재의 명분은 사회 유지와 번영이다. 공산당이 약속한 샤오캉(小康)과 다퉁(大同)은 흔들리고 있다. 그 배경에는 제로 코로나와 탈중국이 있다.

• 제로 코로나 ; 중국은 코로나19 대유행 초기부터 우한을 봉쇄하며 사실상 제로 코로나 정책을 유지해 왔다. 유행이 전국적으로 확대됨에 따라 봉쇄 방법에도 변화가 있었다. 특정 지역에서 권역을 나눠 순서대로 '순환 봉쇄'를 단행하거나 행정 구역 단위별 이동 시 검역에 따른 매뉴얼을 강화하는 형태였다. 2020년 8월 16일 전수 검사에서 본토 신규 확진자가 0명을 기록한 이래 한 달 가까이 신규 확진자가 나오지 않자 시 주석은 9월 코로나19와의 전쟁에서 중국이 승리했음을 천명했다. 제로 코로나는 실제 방역 성과와 별개로 서방에 중국식 사회주의 체제의 우월성을 보여주기 위한 대표 정책 중 하나였다. 봉쇄는 서방 국가와 차별되는 권위주의식 사회 통제의 자랑스런 결과물이었지만 공산당 일당 독재의 명분을 갉아먹고 있다.

• 탈중국 ; 중국은 늘 폭발적인 경제 성장률을 보였다. 글로벌 저성장 속에서도 안정적으로 6퍼센트대를 유지해 왔다. 2022년 역시 5.5퍼센트를 예상했으나 사실상 3퍼센트를 하회할 것으로 전망됐다. 일본의 투자 은행 노무라는 제로 코로나 정책이 국내 총생산(GDP)의 12.2퍼센트에 영향을 주고 있다고 분석했다. 중국의 금융·무역 중심지 상하이 등이 포함되며 가뜩이나 경제 타격이 큰데 글로벌 기업들은 제조 다변화를 추구하고 있다. 이른바 '중국 플러스 원'으로 인도, 베트남, 멕시코 등 제조 거점을 늘리는 것이다. 대표적 사건으로는

'폭스콘 공장 사태'가 있다. 폭스콘은 애플의 주요 부품을 생산하는 대만 기업이다. 중국 허난성 정저우에 위치한 폭스콘 공장에서 현지 방역 조치에 항의하는 직원들의 대량 탈주로 아이폰14의 생산 차질이 우려되기도 했다. 애플은 이로 인해 인도로 생산 기지를 옮기고 있다.

CONFLICT2 범람

이번에는 대만 얘기다. 지난 11월 26일 4년에 한 번 열리는 대만 지방 선거가 있었다. 6대 직할시 시장과 시의원, 기초 단체장 등 아홉 가지 공직자 1만 1023명이 뽑히는 선거다. 아홉 공직자가 뽑힌다고 하여 '구합일(九合一)' 선거로도 불린다. 여느 중간 선거가 그렇듯 차이잉원 대만 총통이 소속된 집권 여당 민진당(DPP)은 심판대에 올랐다. 민진당은 대만의 독자적 정체성을 추구하는 '범록 연맹'의 수장이다. 반대파인 '범람 연맹'을 이끄는 제1 야당은 국민당(KMP)이다. 친중국 노선부터 대만 중심의 중국 통일을 추구하는 성향까지 스펙트럼이 다양하지만 핵심은 어떻게든 중국과의 연결성을 중시한다는 점이다. 결과는 국민당의 압승이었다. 21개 시·현에서 민진당이 승리한 곳은 다섯 곳뿐이었다. 특히 6개 직할시 시장직에서 수도 타이베이를 포함 신베이·타오위안·타이중까지 국민당에 뺏기며 범람 연맹의 푸른 물결을 허용했다.

범람의 '람'은 남색의 '쪽 람'자야

KEYPLAYER 장완안

타이베이 시장 선거는 차기 대선의 유력 주자를 결정짓는다. 이번 타이베이 시장 선거는 장제스 초대 총통의 증손자 장완안 전 의원(KMP), 코로나19 방역 총책임자 천스중 전 위생복리부장(DPP),

무소속 황산산 전 부시장의 3파전이었다. 황산산 부시장의 경우 현 타이베이 시장의 지지가 있던 인물이었다. 장 의원은 시장 선거에서 압도적으로 승리했는데 여기엔 국민당의 전략과 장제스의 증손자라는 후광이 있었다. 차이 총통은 '총통 3연임 금지법'으로 차기 대선에 출마가 불가능해 이번 타이베이 시장 선거에서 민진당의 잠룡을 만들어야 했다. 예상치 못한 선거 참패에 차이 총통이 민진당의 당 주석직을 내려놓으며 장 의원이 장제스 집안의 세 번째 총통이 될 가능성은 더 커졌다. 8년 만의 타이베이 시장직 탈환으로 국민당의 기세는 높아지고 있다.

©사진: TaiwanPlus News

ANALYSIS 민진당의 악수

이 같은 선거 결과는 묘한 구석이 있다. 양안 관계의 불안은 커져 왔고 민진당은 국민당과 달리 대중국 강경 노선을 취했기 때문이다. 지난 8월 2일 미국의 낸시 펠로시 하원의장이 대만을 방문하며 중국은 군용기를 띄워 대만 해협을 위협했다. 차이 총통은 대응 사격을 지시하며 대응 수위를 높였지만 이는 국민적 피로감을 안겼다. 문제는 지방 선거에서도 중국 위협론에 의존했다는 점이다. 반대로 국민당은 최근 유럽 및 서구권 국가의 선거 문법을 따랐다. 민생과 경제를 강조한 것이다. 특히 타이중의 대기 오염 및 타이베이의 기술 중심지인 난강 지역의 교통 체증, 코로나19 백신 구매 전략 등을 비판하며 승기를 잡았다. 다만《사우스차이나모닝포스트》는 국민당의 차기 당권 경쟁 과정에서의 내부 분열 가능성, 친중국 노선에 대한 국민적 의구심 등 국민당의 과제 역시 짚었다. 이번 선거는 국민당의 전략보다 민진당의 악수가 컸다는 의견이 다수다. 선거 결과로 인해 미중 갈등의 직접적 영향에 놓인 국가들의 셈법도 복잡해졌다. 국민당의 대중국 노선에 따라 양안 관계가 크게 요동칠 수 있기 때문이다.

INSIGHT 색의 종말

시 주석과 차이 총통의 위기는 구조적으로 다르지만 두 집권 세력이 주장해 온 정통적인 프로파간다가 먹히지 않았다는 것에 그 의의가 있다. 중공은 내부적으로는 더 나은 미래를 약속하고 외부적으로는 체제 우월성을 강조하기 위해 펼치는 정책이 흔들리고 있고, 대만은 차이 정부의 실책을 덮으려던 반중 전략이 젊은 유권자를 중심으로 외면받았다. 글로벌 자본주의가 반복해서 드러내는 한계는 서구권에서 정치적 양극화를 일으키고 있지만 역으로 중국과 대만에서는 공민·유권자를 성숙하게 만든 셈이다. 특히 대만의 사례는 한국에 시사하는 바가 크다. 정책적 실패를 더 이상 혐오 정서로 이길 수 없다는 것이 증명된 선거이기 때문이다. 대만과 한국은 인접 국가와 민족 분쟁을 겪고 있으며 권위주의 시절을 지나 선진국으로 진입 중이라는 특징을 지닌다. 이제껏 대만과 한국의 주요 선거 전략으로 대중, 대미 노선이 유효했지만, 지금의 유권자들이 요구하는 것은 투명성과 성과다. 색깔론으로 대표되는 이념 그리고 선동의 구호는 옅어지고 있다.

두 정치 지도자의 위기는 양안 관계를 보다 우호적으로 바꿔놓을 수 있다.

• 대만의 국민당은 양안 관계에 우호적인 입장이며 차이 총통 역시 남은 2년의 임기에서 대중국 강경책을 펼 가능성이 작기 때문이다. 중국 역시 봉쇄로 인한 경제적 리스크를 해소하는 데 대만과의 교역과 협력이 필수적이다.

• 중국은 현실적으로 제로 코로나를 쉽게 해제할 수 없다. 인구 대비 의료 시설이 부족하고 고령층의 백신 접종률도 낮으며 주요 도시에는 인구 밀집도가 커 한 번 유행이 시작되면 걷잡을 수 없기 때문이다. 다만 시위 이후 봉쇄를 단계적으로 해제한다고 밝혔고 경제적 타격도 만만치 않기 때문에 제로 코로나의 조기 종료가 예상된다.

• 중국은 이와 동시에 탈중국 행보를 보였던 글로벌 기업들에도 손을 내밀어야 하는데 이때 대만의 유화 정책은 큰 도움이 된다. 차기 대선에서 국민당이 승리한다면 키는 오히려 국민당이 쥐고 있다. 국민당은 '친중·반미' 이미지를 벗기 위해 미국과의 유대를 강조하지만 안보적 긴장감을 올리는 선택을 피할 것으로 보인다. 장제스 시절 독재 정권의 역사와 내부 잡음을 이겨내고 대만의 국민당이 영리한 선택을 할 수 있을지 주목된다. 미국과 중국 사이 균형 외교를 펼쳐야 하는 한국에게도 새로운 레퍼런스가 될 것이다. ●

  더 많은 이야기는 북저널리즘 라디오에서 만나요!

톡스에서 내 일과 삶을 변화시킬 레퍼런스를 발견해 보세요.
사물을 다르게 보고 다르게 생각하고 세상에 없던 걸 만들어 내는
혁신가를 인터뷰했어요.

돈 보내기 쉬운 세상이다. 열쇠고리에 주렁주렁 달려 있던 OTP 발급
기계는 이제 필요치 않다. 누구나 휴대폰만 있다면, 어플만 있다면,
계좌번호만 안다면 몇 초 안에 돈을 보내고 받을 수 있다. 이런 세상을
상상하고 현실로 만든 기업이 있다. 이제는 익숙한 토스다. 얼마 전
토스의 이상하리만치 유난한 도전기를 엮어낸 책 《유난한 도전》이
출간됐다. 토스의 정경화 콘텐츠 매니저가 지금의 토스를 만든 이들을
직접 만났다. 토스는 왜 이렇게까지 도전했을까? 정경화 저자의
집필이라는 또 다른 유난한 도전은 어떻게 가능했을까? 결국 우리
모두는 지난하게 실패하고, 유난하게 도전해야 하지 않을까?
__ 김혜림·이다혜 에디터

세상에 이야기를 전할 매체는 많다. 왜 하필 책이었나?

책은 상상력을 가장 자극하는 매체다. 이 책엔 사진이 한 장도 없다. 사람들의 상상력을 증폭할 방안이 무엇일지 고민하다가, 텍스트를 읽고 그 장면 장면을 떠올려 보는 것이라는 생각이 들었다. 예컨대 이승건 리더가 맨 처음 치과를 개원하려던 순간, 다섯 명이 팀을 꾸려 좁은 오피스텔에 다닥다닥 등 맞대고 있는 순간. 텍스트를 통해 그 공기를 느끼길 바랐다.

무려 열 달간 집필에 전념했다. 시작한 계기가 궁금하다.

꼭 1년 전이다. 토스뱅크 출시 직후로 기사가 정말 많이 나왔다. 토스뱅크가 아무 조건 없이 2퍼센트 이자를 준다는 것이 이슈였다. 그런데 기사들은 2퍼센트라는 숫자에 집중할 뿐, 토스가 추구하는 가치나 철학에 대한 내용은 찾아보기 어려웠다. 우리가 이 서비스를 출시한 이유를 맥락과 함께 설명하고 싶어 다짜고짜 당시 같은 팀 윤기열 님에게 말을 꺼냈다. 책을 만들어 보고 싶다고.

처음 말을 꺼냈을 때 반응은 어땠나? 리소스는 한정돼 있는데 새로운 프로젝트가 생기는 만큼 꺼리는 분위기는 없었나.

시간이 얼마나 걸릴지, 얼마큼의 공수가 들지 모르는 프로젝트였던 건 사실이다. 그러나 토스 내부적으로는 출간에 대한 욕구가 있었다. 한 문장으로 소구되는 토스의 이야기를 일련의 연결된 스토리로 전하고 싶은 마음 같은 것 말이다.

지난해엔 다큐멘터리를 제작했고, 북저널리즘에서도 전자책을 두 차례 출간했다. 기존 콘텐츠와는 달리 이번 책에선 무엇을 차별화했나?

인물 간의 역동성에 집중했다. 인터뷰 콘텐츠에선 지면의 한계를, 다큐멘터리에선 영상의 한계를 느꼈다. 특히 영상은 자료 화면이 제한적이고 현재 시점에서 과거를 회상하는 형태로만 표현이 가능하다. 반면 책은 내가 자유자재로 시공간을 오갈 수 있고 인물의 감정선도 세밀하게 그릴 수 있다. 그래서 삼국지 같은 책이었으면 좋겠다고 생각했다. 삼국지는 읽는 사람마다 응원하는 인물이 다르다. 누구는 유비를 응원하고, 누구는 조조를 응원한다. 한 명의 주인공이 아닌, 여러 주인공의 관점에서 도전하고 성장하는 과정을 그리고 싶었다.

> 토스의 워크 인사이트를 담은 전자책!
> 북저널리즘에서 읽을 수 있답니다!

무려 35명의 이야기를 담았다. 인터뷰 시 중점에 둔 것이 있다면?

토스팀에서 각자 느낀 감정의 굴곡이 제일 큰 순간들이다. 사람마다 그 순간은 매우 다를 것이다. 큰 성과를 낸 순간일 수도, 다른 팀원과 갈등했던 순간일 수도, 본인이 무언가에 완전히 몰입했던 순간일 수도 있다. 각 팀원이 '내가 왜 이렇게까지 하지' 싶은 순간들을 가감 없이 담고자 했다.

긴 책을 펴내는 과정이었던 만큼, 어려움은 없었는지.

어떤 얘기를 담아야 되나 엄청 고민했던 것 같다. 35명이 각자의
이야기를 하니 양과 결이 방대한데 무엇을 택하고 뺄지 고민을 많이
했다. 특히 후반부로 갈수록 어려웠다. 현재와 가까워질수록 이 사건을
아는 사람들이 많은데, 어떤 비즈니스에 더 무게를 실을지 갈래를
타기가 어렵더라. 그즈음 2주간 한 글자도 안 쓰고 생각만 계속하던
때도 있었다.

북저널리즘 팀원들과 팟캐스트 녹음 중이다. ©사진: 북저널리즘

‘유난한 도전’이라는 제목에서 스타트업으로 출발한 토스의
정체성이 잘 드러난다. 토스가 이렇게까지 도전할 수 있던
이유는 무엇인가? 세상에 없던 간편 송금이라는 서비스를 만든
것이 그 동력이 됐을까?

사실 토스는 간편 송금 이전에도 엄청 많은 실패를 했다. 그게 오히려
토스가 끝없이 도전할 수 있는 토대가 됐다고 생각한다. 몸집이 커지고,

팀원이 많을 때 큰 실패를 해버리면 되돌리기가 어렵지 않나. 팀원이 세 명, 네 명일 때 실패를 많이 했기 때문에 계속 도전할 수 있었다. '우리 예전에도 실패해 봤는데 이렇게 극복했다'는 경험과 자신감이 쌓였기 때문이다.

그 실패의 경험이, 팀의 무모한 도전을 떠받치는 시스템으로도 보인다.

새로운 걸 시도할 때 "이거 될 거야!"라고 확신하는 사람이 거의 없다. 대부분 "이것도 실패하겠지"라는 생각에 가깝다. (웃음) 다만 실패를 통해 무언갈 배워서 그다음 것을 잘해 나가면 된다는 생각이 있고, 시스템적으로도 그 보완이 가능하다. 토스에는 '사일로'라고 부르는 애자일 조직이 있다. 한 사일로는 열 명을 넘어가지 않는다. 즉, 실패하더라도 열 명을 넘지 않는다. 지금 토스 팀에는 2000명이 있는데, 그중 열 명이 실패하는 건 작은 실패이지 않나. 그래서 계속 도전할 힘이 생기는 것 같다.

책의 흐름도 굉장히 빨랐다. 소수 인력으로 사일로를 구성하는 것처럼 프로젝트에 할애하는 시간도 짧게 가져가는 것 같다.

프로젝트에 임하는 시간을 보통 1~2주 단위로 설정한다. "스프린트를 돈다"는 표현을 자주 사용하는데, 그 사이에 가시적인 성과가 보이지 않거나 원하는 결과가 나오지 않으면 다른 방향으로 틀어 본다. 이런 식으로 조정해 나가는 과정에서 작은 실패가 거름이 되어 성공으로 향하는 길을 발견하게 된다.

책을 읽으면서 가시지 않는 질문이 있었다. "왜 대체 이렇게까지 일할까?" 본인이 직접 회사를 만들어 간다는 책임감이나 숙명이 없으면 불가능한 일이다. 손편지를 쓰고, 사업 계획서를 혼자서 작성하는 것 등이 그렇다. 이런 도전을 가능케 하는 개인 단위의 동력은 무엇이라고 봤나?

그 답을 찾는 게 이 책을 쓰는 이유이자 목표 중 하나였다. 결과적으로는 모두가 다르다. 사람 한 명을 추동하는 힘은 명예일 수도, 돈일 수도, 성장 그 자체일 수도, 혹은 다른 팀원과 결과물을 만들었을 때의 희열일 수도 있더라. 그래도 공통점을 찾을 수 있었는데, 모두가 토스의 의도가 선하다는 것에 공감한다는 점이다. 우리가 하는 일이 결국엔 세상을 조금 더 나은 방향으로 바꿀 것이라는 공감대가 있고, 그 목표를 이루기 위해선 유난 떨고 남다르게 노력해야 한다는 것 역시 모두가 알고 있는 것 같다.

ⓒ사진: 토스

여러 팀원들의 이야기를 들으며, 토스 팀이 일하는 방식이 다른 회사와 어떻게 같고 다른지 느낀 점이 있다면?

토스는 구성원이 직접 하고 싶은 일이 있도록 만든다. 그게 토스가 가진 힘이다. 본인이 주도적으로 하고 싶은 일이 생겼을 때 그 일을 시작하고 싶다고 말할 수 있다. 동료들도 대부분 긍정적인 반응을 준다. 물론 잘되지 않을 것 같다는 의견도 있다. 그렇지만 다른 조직의 영역을 침범하는 일이기 때문에 어렵다, 상사가 좋아하지 않아서 어렵다 등과 같은 피드백은 주지 않는다. 일의 본질적인 목적이나 미션과의 불일치처럼, 납득할 수 있는 이유로 피드백을 준다. 그래서 토스 사람들은 계속 자신이 여기서 해보고 싶은 일이 생기는 것 같다. 또 자신이 하고 싶은 일이 회사의 목표와 일치하는지를 직접 판단할 수 있는 정보도 많이 공유돼 있는 편이다.

책 중간에 토스 팀의 핵심 가치를 밝히는 부분이 생각난다. 개인의 목표보다는 토스 팀의 미션을 추구한다는 부분이 인상 깊었다. 사실 팀의 지향과 개인의 목표가 한쪽을 바라보는 것이 좋지만, 쉽지 않은 일인데. 이러한 불일치는 토스가 어떻게 해결하고 또 예방하나?

불일치는 필연적이라 생각한다. 그걸 예방하거나 해결하기 위해서 매주 금요일마다 '위클리 얼라인먼트(Weekly Alignment)'를 진행한다. 반기 단위로도 얼라인먼트 데이가 있다. 반기 얼라인먼트를 준비하면서는 일주일 동안 업무를 완전히 내려놓고 이전의 성취를 정리하고 다음 반기의 목표를 설정한다. 이런 과정을 통해 불일치를 최대한 조정하려 한다. 그런데 한편으로는 항상 이게 일치해야 한다고 생각하지 않는다.

불일치도 때로는 건강한 혼란을 만들어 낸다.

 "불일치도 때로는 건강한 혼란을 만들어 낸다"! 메모.

책에서 언급한 정승진 PO(Product Owner)의 사례가 생각난다.

그때가 한창 토스 앱이 디자인 정렬을 하고, 사용자 경험을 중시할 때였다. 그런데 갑자기 정승진 PO가 그로스(growth)를 향해 가야 한다고 말하며 거의 일 년을 그 작업에 쏟아붓는다. 모두가 한 곳의 목표를 볼 때 혼자만 다른 곳을 본 것이다. 당연히 갈등도 있었지만 그 시기를 지나자 결과적으로는 토스 팀의 성장과 사용자 경험을 동시에 잡을 수 있었다.

그러한 불일치가 확장의 동력도 되는 것 같다. 최근 북저널리즘에서는《번아웃 세대》라는 책을 준비하고 있는데, 저자분이 한 챕터 전체를 리더의 자질과 모습에 할애했다. 그만큼 리더가 조직 문화와 업무에 미치는 영향이 적지 않다. 토스가 바람직하게 생각하는 리더의 모습은 어떤가?

토스 내부에선 리더를 '실무 천재', '플레이 코치'라고 자주 표현한다. 리더는 단순히 윗선의 지시를 받고 이를 전달하는 사람이 아니다. 실무에서 바로바로 인사이트를 주고, 맥락을 부여할 수 있는 사람이다.

실무 영역에서의 능통함을 말하는 것인가.

그렇다. 하지만 무엇보다 중요한 것은 신뢰다. 김명훈 TPO도 "신뢰를

확장하는 것이 리더"라는 표현을 한다. 내가 맡은 일만 잘하는 게
아니라 다른 사람의 일에도 긍정적인 영향을 주고, 누군가가 좋은
판단을 내리는 것에 도움을 줘야 한다. 이 경험이 쌓이면 그 사람에
대한 믿음이 생기고, 굳이 그에게 리더라는 직책을 주지 않아도
자연스레 리더의 역할을 하게 된다. 조금 가혹할 수도 있지만 리더들은
리더가 되기 전부터 이미 모든 일을 관장하고 있다. 신뢰는 효율적인
도구다. 리더의 말을 의심하거나 짐작하지 않아도 된다. 직접적인
의사소통으로 비효율을 잡는다. 모든 게 신뢰 기반이기에 가능한
일이다.

"신뢰는 효율적인 도구", 라는 말이 인상 깊군!

미션을 중시하는 기업에서 가장 비중을 두는 것이 온보딩
과정이다. 토스의 온보딩에서 특별한 점이 있다면 무엇인가?

온보딩을 받은 게 3년 전쯤이라 지금과는 많이 바뀌었을 것 같다.
(웃음) 다만 그때부터 지금까지 바뀌지 않은 것은 이승건 대표가 직접
진행한다는 점이었다. 팀원 2000명이 전부 이승건 리더와 온보딩
시간을 가졌다. 대부분 대표는 비즈니스 섹션이나 비전을 이야기하지
않나. 그런데 이승건 대표는 컬처 섹션을 맡는다. 과거의 사례들을
언급하며 토스가 지금 왜 이렇게 일하는지에 대해 설명하고 있다.

새로운 멤버가 팀에 합류할 때 적응을 돕기 위해 진행하는
프로그램도 있나?

'메이트(Mate)'라는 제도가 있다. 다른 회사로 치면 사수와 부사수 같은
느낌인데 위계는 딱히 없다. 새 팀원이 합류했을 때 도구를 사용하는

법부터, 의사소통하는 방법까지 메이트가 붙어서 이야기를 해준다. 보통 팀에서 비슷한 롤을 하는 사람이 그 역할을 맡는다. 요즘은 가장 최근에 들어온 신규 입사자가 그다음 입사자의 메이트가 된다. 어려운 지점을 가장 생생히 기억하는 사람이 알려 주니 훨씬 도움이 된다.

> 사실 처음 어느 조직에 가면 복사기 사용하는 방법부터 막히지 않나. (웃음) 메이트 제도가 많은 도움이 될 것 같다.

처음 입사했을 때 정말 고마웠다. 3개월 동안 내 메이트를 해주신 분이 계신데, 아무 때나 질문해도 불쾌한 기색을 보이지 않았다. 그래서인지 언제든, 편하게 물어보면 되겠다는 생각이 들었다.

> 스타트업을 넘어서 일하는 사람이라면 모두가 공감할 수 있는 이야기가 됐으면 좋겠다고 해주셨는데, 개인적으로는 학생들이 읽어도 좋을 책이라고 생각했다. 고등학생, 대학생 시절 매일 도전하고 실패하고 보완하는 과정을 거치지 않나. 토스가 생각하는 도전하는 사람과 도전하는 기업의 본질이 궁금하다.

결국 될 때까지 하는 것이라고 생각한다. 나뿐만 아니라 이승건 대표도, 인터뷰를 했던 다른 많은 토스 팀원들도 썼던 표현이다. 실패는 당연한 것이다. 실패가 기본이고 그를 성공으로 이끌기까지는 많은 시간이 걸린다. 여러 번의 실패와 그를 견뎌 내는 힘이 필요한데 그때 중요한 것은 내가 이 일을 하는 이유다. 팀 차원의 미션이기도 하고, 내가 이 회사에서 이루고 싶은 게 무엇인지를 명확하게 인식하는 게 중요하다. 버티는 힘이 생기고, 또 버티다 보면 언젠가는 성공이 온다.

북저널리즘 팀원들과 팟캐스트 녹음 중이다. ©사진: 북저널리즘

이 프로젝트를 처음부터 끝까지 이끌어 온 사람이다. 《유난한 도전》은 정경화 매니저에게는 어떤 의미인가.

나에게도 이 책은 유난한 도전의 하나다. 처음 책을 쓴다 했을 때 다른 회사에 다니는 친구들도, "보통 그런 거 사사 편찬실에서 하는데 왜 네가 하겠다고 한 거야"라는 반응이었다. 그런데 내가 보기에 토스는 정말 흥미롭고 보물 같은 이야깃거리들이 많은 조직이었다. 결국 우리도 다른 사람들과 크게 다르지 않다는 것, 남들처럼 열심히 사는 청년들이라는 것을 세상에 보여 주고 싶었고 그 결과물이 이 책으로 빚어졌다. ●

원쪽 페이지 위부터 시계 방향으로
토스 정경화 콘텐츠 매니저 ⓒ사진: 토스
정경화, 《유난한 도전》ⓒ사진: bkjn
브랜드 코멘터리 〈성공하는 팀은 왜 유난스러워야 하는가〉, 12월 16일 bkjn shop에서 진행 ⓒ사진: bkjn
브랜드 코멘터리 〈성공하는 팀은 왜 유난스러워야 하는가〉, 12월 16일 bkjn shop에서 진행 ⓒ사진: bkjn
정경화, 《유난한 도전》ⓒ사진: 토스

롱리드는 단편 소설 분량의 지식 콘텐츠예요. 깊이 있는 정보를 담아요.
내러티브가 풍성해 읽는 재미가 있어요.
세계적인 작가들의 고유한 관점과 통찰을 만나요.

이끼를 만져야 알 수 있는 것

메를로-퐁티는 접촉이라는 행위가 인지자와 피인지자로 구성된다고
설명한다. 인간이 아닌 존재와 접촉하고 있으면 나는 몇 번이고
계속해서 그 세계로 내던져지고, 그 후에는 매번 접촉하기 전의 자신과
재결합해야 한다. 이처럼 지속적인 분리와 재결합의 과정에는 나
자신이 과거의 나인지, 혹은 미래의 나인지를 확신할 수 없는 생성적
순간이 존재한다. 나는 사람인가? 나는 이 세계의 일부인가?
_ 니키타 아로라 (Nikita Arora)

잉글랜드 데번 지역의 이끼로 덮인 나무들 ⓒ사진: Adam Burton

2021년 초겨울 무렵, 나는 옥스퍼드의 집 근처 숲으로 산책을 나갔다. 도시가 내려다보이는 벤치 옆에서 나는 우연히 이끼에 덮인 통나무를 하나 발견했다. 그것은 잔뜩 흐린 하늘 아래에서 초록색으로 빛나고 있었다. 이끼의 잎은 마치 최고급 자수처럼 작고 섬세했으며, 비닐 랩처럼 얇았다. 나는 이끼의 미세함과 정교함에 경외심을 느끼며 솜털 같은 표면을 문질러 본 다음 십여 장의 사진을 찍었다. 이끼를 마지막으로 만져본 게 언제였을까? 처음은 언제였을까? 내 기억 속에 나무, 강과 산은 있었지만, 이끼는 없었다. 하지만 그날 나는 마치 이 거대한 수목의 사촌들 사이에서 이끼가 자신의 근엄함과 아름다움에 주목하라며 나를 소환하기라도 한 것 같은 느낌이 들었다.

아니면 이끼가 뭔가를 말했던 것일 수도 있다. 나는 사실 접촉에 대해서, 좀 더 자세히 말하면 자연과의 접촉을 어떻게 잃어버렸는지에 대해 생각하고 있었다. 나는 공원과 풀밭이 많은 도시에 살고 있지만, 자연과의 접촉은 많지 않았다. 오히려 나에게 보이는 것들은 잘 가꿔진 자작나무와 도시의 운하, 그리고 울타리의 장미꽃이었다. 여름이 되면 나는 친구들과 헤엄을 치기도 하고, 모래사장이나 풀밭에서 일광욕을 하고 굴러다니기도 한다. 하지만 청결한 집으로 돌아오고 나면 자연과 아무런 접촉이 없는 삶을 지속해 나간다. 나는 약을 복용하는 것처럼 적정하게 소량으로 위생적인 자연을 찾고 있었다.

진정한 접촉의 계절이라고 할 수 있는 것은 겨울뿐이다. 겨울에는 아무리 효율적으로 갖춰 입더라도, 빗물이 몸에 스며든다. 우리를 둘러싸는 안개는 얼굴에 특유의 습기를 남긴다. 건조하고 차가운 공기로 인해 입술이 갈라진다. 숨을 들이쉴 때면 이슬이 콧구멍과 기도의 안쪽을 건드린다. 귓등으로는 겨울의 손길을 느낄 수 있다. 겨울의 물리적 성질은 모든 곳에 손길을 뻗친다. 그런데 이끼는 겨울철에 가장 열심히 일한다. 모든 통나무와 암석과 바위틈에서 자라며 빛을 낸다.

바로 그런 겨울의 와중에는 도시의 어디서든 이끼와 접촉할 수 있다. 오솔길과 담벼락에서, 버드나무의 껍질에서, 금속제 하수구 뚜껑에서, 묘비에서, 선상가옥의 지붕에서, 버려진 자전거에서, 철교의 아래에서 이끼를 마주했다. 이끼는 그늘과 수분만 충분하다면 어디에서든 잘 자랄 수 있다. 비관다발식물인 이끼는 뿌리에서 싹으로 이어지는 정교한 구조가 없다. 뿌리라고 할 만한 것도 없다. 이끼는 단세포 잎으로 물과 영양분을 흡수하는데, 그 잎은 자신의 무게보다 30배는 더 되는 양의 물을 붙잡아 둘 수 있는 특별한 설계로 만들어져 있다. 겨울에 이끼 무더기를 발견했을 때 잠시 멈춰서 그 표면을 만져 보면, 마치 축축한 스펀지 같은 느낌이 들 것이다. 그리고 이끼 무더기의 첫 느낌은 부드럽지만, 또한 다양한 질감을 느낄 수 있다는 것도 깨달을 것이다. 손가락 등 부분으로 이끼 무더기를 조심스럽게 쓰다듬으면, 작은 줄기 같은 것이 나를 간지럽힌다. 이끼의 잎사귀 밖으로 튀어나온 이 줄기들은 포자체라는 것이다. 각각의 포자체는 맨 끝부분에 포자낭을 갖고 있다. 포자낭에서 바람과 물이 포자를 가져감으로써 이끼가 증식한다. 포자체는 잎사귀층보다 더 높게 자라는데, 그럼으로써 포자를 더욱 멀리까지 보내 새로운 공동체, 즉 새로운 가족이 시작된다.

　　도시의 주거지에서 가장 흔하게 볼 수 있는 이끼 중 하나는 바로 토르툴라 무랄리스라는 학명의 벽나사 이끼다. 다른 초보자 대부분과 마찬가지로, 내가 처음 알아봤던 종류도 바로 이것이었다. 어느 날 비 온 뒤의 밝고 파란 하늘 아래, 나는 벽돌담에서 자라고 있는 벽나사 이끼의 포자체가 일반적인 크기의 거의 세 배로 부풀어 있는 걸 발견했다. 나는 깜짝 놀랐고, 아직까지 읽어 보지는 못했지만 어쩌면 이끼가 성장하는 과정의 또 다른 단계일지도 모른다고 생각했다. 나는 무릎을 꿇고 이끼에 맞게 눈높이를 낮춘 자세로 포자체 한 개를 향해서 손가락을 뻗었다. 하지만 내 손은 그 중간에서 저절로 멈췄다. 눈이 적응하기까지 시간이 약간 걸리기는 했지만, 그 이끼들의 포자낭이 전혀 부풀지 않았다는 사실을 알 수 있었다. 각각의 포자체는 마치 작은 물풍선, 혹은 임신부의 배처럼 그저 주위의 작은 물방울을 머금고 있었다.

　　그렇게 몇 분이 지나갔다. 다시 비가 내리기 시작했고, 물방울이 더 많이 떨어지며 이끼에 스며들었다. 이끼 앞에서의 그 순간이 사소하지는 않았지만, 그날 하루가 조금은 이상한 느낌으로 시작됐다고 기억한다. 그 당시에 이끼가 나에게 처음 가르쳐 준 교훈은 바로 '우리는 시간을 만질 수 없다'는 것이었다. 우리 인간의 시간도, 심지어 포유류의 시간도, 지구의 시간도 만질 수 없다. 몇 시간 뒤에 내가 다시 도시의 일상 속으로 돌아갔을 때에도 그 포자체는 그대로 있었고, 여전히 물을 머금고 있었다. 이끼 무더기는 겨우 1인치(2.54센티미터) 자라는 데에 25년이 걸리기도 한다. 하지만 이끼는 최소한 3억 5000만 년 동안 지구상에 존재했고, 처음으로 수중에서 육지로의 여정을 시작한 종 중 하나였다. 식물생태학자인 로빈 월 키머러(Robin Wall

Kimmerer)가 《이끼와 함께(Gathering Moss)》라는 책에서 상기시키듯, 이끼는 우리의 나이 많은 친척이다. 이끼는 도시와 아파트에 함께 사는 종이며, 우리 인간의 시간과 그 시간의 파멸적인 속도에 대한 목격자이다. 이끼를 만지는 것만으로도 이끼의 시간을 경험할 수 있다면 얼마나 좋을까.

아르헨티나 미시오네스(Misiones)의 산타마리아 라 마요르(Santa María la Mayor) 유적에서 이끼로 뒤덮인 고대의 돌담. ⓒ사진: Sebastian Jakimczuk

만져야 열리는 세계

아리스토텔레스는 촉감이 가장 보편적인 감각이라고 말했다. 최근에 나는 자연과 접촉하는 것이 가장 효율적인 수단일지도 모른다고 생각하게 됐다. 맨발로 걷기나 헤엄치기 등 우리의 몸으로 인간이 아닌 개체를 느끼는 활동이 비인간계와의 정서적이며 윤리적인 관계를 기르는 데 도움이 될 수 있다는 사실을 보여주는 연구도 많다.

철학자인 모리스 메를로-퐁티(Maurice Merleau-Ponty)는 인간의 인지에 대해 사고하고 집필하면서 일생을 보냈다. 그는 우리가 신체의 감지와 감각에 의해서 세계를 알게 된다고 생각했다. 그 과정에는 자신의 몸에서 어떤 물체가 멀리 있는지 가까이 있는지,

커다란지 작은지를 판단할 수 있는 시각이 중요하긴 하지만, 촉각 역시 그만큼 중요하다.

촉각은 우리로 하여금 존재의 근원적인 상태를 재확인하게 만든다. 인간과 비인간을 비롯한 타자(他者)가 확실히 존재한다는 사실을 확인시켜 주는 것이다. 무언가를 만지는 순간은 대부분 가장 취약한 상태기도 하다. 반대로 그 대상이 우리를 만지는 순간이기도 하기 때문이다. 메를로-퐁티 사후인 1964년에 출간된《보이는 것과 보이지 않는 것》에서 그는 이렇게 유추했다. 나의 한 손이 다른 이를 만질 때, 둘 중에 누가 만지고 있는 것이며 누가 만져지고 있는 것인가? 우리에게는 눈꺼풀이 있다. 우리는 코를 틀어막을 수 있고, 귀를 닫을 수 있다. 그러나 피부를 가리는 자연적인 덮개는 없다. 촉각을 꺼버릴 수는 없다. 세상 속에서 인간으로 산다는 것은 촉각을 이용하는 것이며, 우리 신체의 땀구멍 하나하나로 언제나 무언가를 만지고 무언가에게 만져지는 것이다.

자연과의 접촉이 종간 경계를 이어 줄 수 있다는 생각은 직감적으로 이해된다. 식물의 왕국에서 이끼를 비롯한 선태류만큼 접촉이라는 성질을 확실하게 담고 있는 존재가 있을까? 이끼는 접촉이다. 이끼는 자신을 만지는 대상의 피부를 찌르지 않는다. 그리고 이끼는 자신이 달라붙어 자라는 대상에게서 아무것도 가져가지 않기 때문에 기생식물이 아니다. 그러나 이끼는 나무를 부드럽게 만들고, 토양의 침식을 방지하며, 너무 작아서 우리에게는 보이지 않는 동물들에게 쉴 곳을 제공한다. 이끼는 지구는 물론이고 우리를 포함한 지구상의 모든 존재와 끊임없이 접촉하고 있다. 우림 속에서 그리고 도시의 포장도로 위에서, 이끼는 우리에게 손짓하고 있다.

영국 데번(Devon)의 위스트먼스 우드(Wistman's Wood) 국립자연보호구역. ⓒ사진: Mike Read

이방인과 이끼

현재 내가 다니고 있는 옥스퍼드대학교의 900년 역사에서, 이끼의
손길은 수많은 사람을 매혹시켜 왔다. 그러나 역사학자인 마크
롤리(Mark Lawley)가 지적했듯이, 영국에서는 17세기 말까지도
이끼에 대한 별도의 연구가 시작되지 않았다. 영국 이끼의 다양성에
대해서 자세히 기록했던 주요 인물들 가운데 한 명은 바로 독일의
식물학자인 요한 야코브 딜레니우스(Johann Jakob Dillenius)였다.
딜레니우스는 의학을 공부했지만, 기센대학교(University of Giessen)에
다닐 당시에도 식물학에 강한 흥미를 품고 있었으며, 이곳에서
자신의 첫 번째 주요 연구 논문인 〈기센 주변에 자연적으로 발생한
식물들의 카탈로그(Catalog of Plants Originating Naturally Around
Giessen)〉(1718)를 썼다. 이 논문의 '민꽃식물' 항목에서 그는 다수의
이끼와 균류를 언급한다. 민꽃식물이란 씨앗이 아닌 포자를 통해서
번식하는 식물을 의미하며, '하등식물'이라고도 알려져 있었다.

당시만 하더라도 사람들이 걸어 다니고 동물들은 똥과 오줌을
싸놓는 더러운 땅바닥을 손으로 직접 만지면서 일과를 보내려고 했던

식물학자는 거의 없었을 것이다. 그러나 딜레니우스는 그렇게 했고, 그의 연구는 영국의 대표적인 식물학자였던 윌리엄 셰라드(William Sherard)에게 깊은 인상을 주었다. 셰라드는 그 직전에 현재 튀르키예의 이즈미르(Izmir) 지역에 해당하는 스미르나(Smyrna)에서 자란 식물을 많이 확보해 그것의 분류를 도와줄 사람을 찾고 있었다. 그는 딜레니우스에게 런던 근교의 엘섬(Eltham)에 있는 자신의 정원에서 일할 것을 제안했다. 그래서 딜레니우스는 1721년 영국으로 이주해 셰라드의 식물 컬렉션과 영국의 이끼를 연구하고, 영국 식물에 대한 피나크스(pinax, 삽화가 그려진 카탈로그) 작업을 하게 된다.

영국에서의 처음 7년 동안, 딜레니우스는 런던에 있는 자신의 하숙집과 엘섬을 오가며 살았다. 1724년, 그는 영국에서 자신의 첫 번째 책을 만들어 냈는데, 그것은 식물학자이자 박물학자였던 케임브리지의 존 레이(John Ray)가 1670년에 처음 저술한《영국 생물종의 체계적 개요(Synopsis methodica stirpium Britannicarum)》의 3판이었다. 이 책의 2판(1696)에서 레이는 이끼 80종류를 소개했다. 조지 클래리지 드루스(George Claridge Druce)의 계산에 의하면 딜레니우스는 여기에 40가지의 균류와 150종류 이상의 이끼, 그리고 200여 종의 종자식물을 추가했다. 딜레니우스는 민꽃식물을 '균류'와 '선류'로 구분하고, 여기에서 양치식물과 속새류는 배제했다.

이는 아마도 역사상 처음으로 누군가 오직 '하등식물'에게만 세심한 주의를 기울이고 연구한 것이었다. 나는 18세기의 한 신사가 하루에 몇 시간씩 영국의 이끼를 만지고 수집하면서 몇 년의 세월을 보냈다는 생각에 매료됐다. 딜레니우스의 내면에 대해서는 많이 알지 못하지만, 그의 편지를 보면 그가 이끼를 사랑했으며 동료들과의 생활을 좋아했다는 사실을 알 수 있다. 영국 사람들 사이에서 보내는 생활은 어땠을까? 그다지 알려져 있지 않다.

이러한 3년의 연구 끝에 딜레니우스는 레이의《영국 생물종의 체계적 개요》를 자신만의 버전으로 출간했지만, 이 책에 그의 이름은 실리지 않았다. 해당 출판사와 셰라드는 영국인들이 자신들 땅의 이끼를 연구한 책에 외국 사람의 이름이 실려 있는 걸 싫어할까 봐 두려워했다. 딜레니우스는 영국의 또 다른 대표적 식물학자이자 동료였던 리처드 리처드슨(Richard Richardson)에게 보낸 편지에서, 《영국 생물종의 체계적 개요》를 익명으로 출간했다는 사실을 알리고, 그 책을 리처드슨에게 공개적으로 헌정하는 기회를 갖지 못한 게 아쉽다고 밝혔다. 그 책에서 자신의 이름이 누락되긴 했지만, 그는 리처드슨이 셰라드를 설득해 자신의 꿈인《이끼의 역사(the History of Mosses)》에 대한 연구를 할 수 있게 되길 원했다. 편지에는 이렇게 썼다. "제가 말하는 건《이끼의 역사》입니다. 물론 제가 그걸 끝낼 시간이 있다면 말입니다. (중략) 혹시 당신께서 (중략) 제가 일주일에 하루를 여기에 투자할 수 있도록 그를 설득해 주실 수 있는지 여쭙니다."

딜레니우스는 1732년까지도 일주일에 하루를 빼서《이끼의 역사》를 저술하는 시간을 가질 수 없었다. 그가 피나크스 작업을 즐기긴 했지만, 진정한 열정은 하등식물들을 향해 있었다. 약 4년 동안 셰라드의 피나크스 작업을 하는 동안, 그는 단 하루라도 자유롭게 온전히 이끼에 전념할 수 있기를 희망했다. 그러던 중 1728년에 셰라드가 사망하자, 딜레니우스의 운명은 하룻밤 사이에 바뀌었다. 셰라드는 자신이 소장한 책과 식물들을 딜레니우스에게 남겼으며, 옥스퍼드대학교 측에는 식물학 교수직을 유지하는 데 사용할 목적으로 상당한 액수의 돈을 남겼다. 그렇게 해서 셰라드 석좌교수(Sherardian professor)직이 만들어졌으며, 셰라드가 유언장에서 첫 번째 인물로 지명한 사람은 딜레니우스였다.

딜레니우스는 1728년에 옥스퍼드로 이사 가서 죽을 때까지 그곳에 살았다. 이곳에는 사망한 윌리엄 셰라드의 남동생 제임스 셰라드(James Sherard)가 있었는데, 그는 딜레니우스를 상당히 싫어했다. 그는 딜레니우스에게 이끼 연구와 피나크스 작업을 중단할 것을 요구했으며, 대신에《호르투스 엘타멘시스(Hortus Elthamensis, 엘섬의 정원)》(1732)라는 책을 쓰라고 강제했다. 이 작업 때문에 딜레니우스는 재정적으로 상당한 손실을 입었다.

《호르투스 엘타멘시스》이후, 딜레니우스는 자신의 커리어와 삶을 이끼 연구에 바치기로 결심했다. 그리고 1741년에《히스토리아 무스코룸(Historia Muscorum, 이끼의 역사)》을 출간했다. 576페이지가 넘는 분량에 85개의 삽화가 들어 있는, 어마어마하게 상세한 이 책은 이끼와 균류, 지의류, 조류, 우산이끼류, 뿔이끼류, 석송류를 포함하여 모두 661종류의 하등식물을 설명하고 있다. 그는 이끼를 초롱이끼, 털깃털이끼, 솔이끼, 참이끼, 물이끼, 석송의 여섯 가지 속(屬)으로 나눴다. 이 분류는 오늘날까지 사용되고 있다. 그러나 그의 필생의 임무였던 이 책은 시장에서 잘 팔리지 않았다. 책의 가격을 낮추면 사람들이 사고 싶어 할 것이라고 생각한 딜레니우스는 곧이어 요약본을 쓰기 시작했다. 하지만 시대는 그의 편이 아니었다. 그와 같은 시대에 살았던 이탈리아의 피에르 안토니오 미첼리(Pier Antonio Micheli)가 이미 10여 년 전에 민꽃식물 분야를 규정하는 자세한 책을 썼던 것이다. 딜레니우스는《이끼의 역사》요약본을 출간하지 못한 채, 1747년에 옥스퍼드의 자택에서 뇌졸중으로 사망했다.

딜레니우스의 이야기에서 가장 애잔한 부분은 심지어 오늘날에도 영국 선태학의 역사에서 그가 기여한 부분이 '대륙 식물학자'라는 항목 아래에 묶여 있다는 사실이다. 그는 고국인 독일은 물론이고 그가 살았으며 묻혀 있는 영국에서도 추모받지 못했다. 그의 생애는 이민자의 운명이었다. 나는 딜레니우스에게 금세 친밀감을 느꼈다. 이방인이었던 그가 나에게는 친구가 된 것이다. 템스강을 따라 걸으면서, 나는 그가 그린 놀라운 삽화를 손에 들고 무리 속에서 초롱이끼와 솔이끼를 구별하는 방법을 공부했다. 나는 언제나 나무를 바라보면서 숲에서 부는 바람에 귀를 기울이는 걸 좋아했는데, 그 삽화들은 나의 마음과 감각이 의식적으로 이끼들에게 돌아가도록 만들었다. 이끼는 우리를 향해 덤벼들지도 않고, 소나무의 잎이나 참나무의 가지처럼 우리를 붙잡지도 않는다. 그것이 경이로워 보일 때조차도, 자세히 관찰할 정도로 오랫동안 흥미를 가지기는 어렵다. 나는 궁금했다. 그다지 환영받지 못하는 이민자였던 딜레니우스 같은 사람이 왜 모두가 그냥 지나치는 식물에게 자신의 에너지와 희망을 전부 쏟아부었던 것일까?

역사학자로서 나는 몇 가지의 이유를 나열하고 싶다. 과학적 세계관의 부흥, 제국주의, 식물과 사람의 세계를 분류하고픈 충동, 1609년에 독일의 기센(Giessen)에 설립된 식물원 등이 영향을 미쳤을 것이다. 이 모든 것이 맞을지도 모른다. 하지만 여전히, 대체 왜 이끼였을까? 왜 이 사람이었을까? 그에 대한 기록은 결코 완성되지 않았다.

스코틀랜드에서 찍은 아이슬란드 이끼. ©사진: Murdo MacLeod

착취의 식물학

나는 인도 펀자브(Punjab)의 비가 많이 내리는 지역에서 자랐다.
동네의 구멍가게에 가려면 거의 항상 진흙탕과 고인 빗물을 헤치고
가야 했다. 몬순 시즌이 되면, 하늘에서 비가 쏟아지고 천둥이 내리치는
와중에도 공원에서 친구들과 캐치볼을 했다. 친구와 놀다가 이끼로
덮인 바위에서 미끄러졌던 것을 기억한다. 우리 모두 엉덩방아를
찧었던 것을 기억한다. 우리는 게임을 한 번 할 때마다 카이(kai)
위에서 두 번씩, 때로는 세 번씩 미끄러졌다. 펀자브 언어에서 카이가
정확히 이끼를 의미하지는 않는다. 우리는 하등식물을 번식 방법에
따라 하나의 카테고리로 분류해 선태류와 같은 이름을 붙이지 않는다.
인도 북부의 전통적인 치료 체계인 아유르베다(ayurveda)에 관한 고대
문헌《수슈르타 삼히타(Susruta Samhita)》나《차라카 삼히타(Caraka
Samhita)》에서는 식물을 형태, 질감, 외관, 약재로서의 성질, 군락지
등을 기준으로 다양한 카테고리로 분류한다. 밟았을 때 미끄러지거나
넘어지게 만드는 식물, 그중에서도 특히 지면 가까이에서 자라는
식물들을 카이라고 부른다.

　　바위에 있는 조류나 지의류, 미끄러운 이끼를 언급할 때 우리는
'파타르 우테 카이 자미 호이 하이(pathar utte kai jammi hoyi hai)'라고
말한다. 이 말에는 최소한 두 가지의 의미가 있다. 거칠게 해석하면
'이끼가 바위 위에 얼어 있다' 또는 '이끼가 바위에 의해 태어났다'가
된다. 이끼에게 바위는, 나무에게 흙과 같은 것이다. 펀자브의 현실을
낭만적으로 묘사하려는 건 아니지만, 적어도 여기서는 이끼를 뜯어내
판매하는 비즈니스가 결코 생겨나지 않을 거라고 생각한다. 그러나
영국에서는 이끼가 가정, 공항, 호텔에서 장식용으로 사용된다.
이탄이끼나 늪지이끼로도 알려진 물이끼는 정원의 생산성을 높이기

위해 사용된다. 물이끼 군락지는 희귀한 야생 동물들의 보금자리이며 탄소의 저장고지만, 원예 분야에서는 무분별하게 사용된다. 펀자브 지역이 세계 정치 경제의 복잡한 미궁 속에서 주로 소비가 아닌 농업적 실험과 착취의 공간이었다는 현실 이외에, 혹시 언어적인 차이도 이끼를 대하는 방식에 역사적인 차이를 만들어 낸 것은 아닌지 의문이 든다.

영어에서는 이끼를 정원에 '깐다(carpet)'고 표현한다. 이러한 언어 체계에는 이끼를 장식으로, 자연의 예쁜 부가물로 여기는 생각이 자리한다. 깔다(carpet)라는 단어는 라틴어에서 '갈기갈기 찢는다'를 의미하는 카르페레(carpere)에서 나온 것이다. 어떤 사물을 깐다는 것은 뜯어내서 덮는 것인데, 덮고 뜯는 이 두 행위가 이끼의 운명을 결정한다.

딜레니우스 사후 몇 세기 동안 다른 어딘가를 덮기 위해 전 세계에서 이끼가 뜯겨 나왔다. 과학과 문명화라는 미명하에, 식민주의자들은 원주민과 외국의 토지와 생태계를 뽑아내고 착취했다. 패트리샤 파라(Patricia Fara)나 자히르 바버(Zaheer Baber)와 같은 과학사학자는 조지프 뱅크스(Joseph Banks)와 같은 영국 및 유럽 과학자의 식물 탐험이 영국의 제국주의적 영향력을 확고히 하는 데 기여했다고 설명한다. 식민 관료와 동행한 식물학자들은 전 세계로 탐험을 나가 인도를 비롯한 세계 여러 지역에서 수집 행위를 하면서 식물과 농업에 대한 경제, 문화적인 지식을 획득했다.

옥스퍼드대학교 식물학과의 제3대 셰라드 석좌교수였던 존 시브소프(John Sibthorp)는 1780년대에 그리스와 오늘날의 튀르키예로 여행을 가서 지의류를 관찰하고 수집했다. 1795년 4월, 시브소프는 현재의 카르다밀리(Kardamyli)에 해당하는 그리스의 카르다모울라(Cardamoula)로 향했다. 그는 자신의 여행에 대해서

다음과 같이 서술했다. "이곳에서 인간의 속성은 본래의 직립 형태를 회복하는 것처럼 보였다. 투르크(Turk)에 예속된 그리스인의 특징인 마음과 신체의 비굴함을 더 이상 볼 수 없었다." 당시는 식민주의와 오리엔탈리즘의 시대였다. 셰라드 석좌교수도 예외는 아니었다. 현대 식물학과 그것의 전 지구적인 지배력은 식민주의를 통해 얻은 기회에 큰 빚을 지고 있다.

식물의 과학적 수집 또는 추출과 정복 활동이 동시에 일어났다는 것은 식민주의자가 모든 사람에게 영향을 미치고 있었음을 의미한다. 딜레니우스가 죽기 불과 몇 년 전이었던 1744년에 (영국의 식민 개척자였던) 로버트 클라이브(Robert Clive)가 인도에 처음 발을 들였고, 이는 단연코 영국의 아대륙(subcontinent, 인도, 파키스탄, 방글라데시, 네팔, 부탄, 스리랑카 등을 부르는 이름) 식민 지배를 결정짓는 사건이었다. 시브소프는 1794년에 《옥스포드의 식물군(Flora Oxoniensis)》이라는 책을 썼다. 이 책은 옥스퍼드셔(Oxfordshire)의 식물에 대한 설명을 담고 있으며, 역사적으로 가장 귀중한 설명서다. 그해에 동인도회사(East India Company)는 이미 인도에서 확고하게 기반을 다진 상태였다.

이끼와의 접촉에 대한 근대의 역사는 엘리트주의, 식민주의, 인종차별주의의 역사다. 옥스퍼드의 오래된 담벼락, 자갈이 깔린 길거리, 문 닫힌 대학에서 이끼를 만질 때면, 이끼와의 접촉은 의도가 아니라 접근성의 문제라는 사실을 깨닫는다. 19세기 영국에서는 노동 계층에도 많은 식물학자가 있었고, 남성이든 여성이든 오랜 시간의 고된 노동을 마친 뒤에 펍에서 라틴어로 식물 이름을 외우며 식물학을 공부하곤 했다. 그러나 엘리트 계층에게 선술집에서 식물학을 공부한다는 것은 완전히 수치스러우면서도 끔찍한 생각이었다. 맨체스터(Manchester)와 랭커셔(Lancashire)에 이러한 장인 식물학이

널리 퍼졌을 때도, 옥스퍼드의 첨탑에서는 그런 문화가 자리 잡지 못했다.

영국의 식민지에서 식민주의는 접촉을 하나의 특권으로 바꿔 놓았다. 식민주의자는 자신들 대신에 원주민을 고용해 인간 너머의 세계와 이끼에 접촉했음에도, '현지인'이 접촉한 세계의 지식에 대한 권리는 그들이 가져갔다. 그들은 또한 누군가가 비인간에게 품을 수 있는 감정이나 애착을 인정하지 않았다. 식물은 조사받아야 하는 대상이 됐다. 이끼는 뜯어내 검사해야 하는 카펫이었다. 이끼를 만진다는 것은 그것을 집으로 가져간다는 것이고, 대학교의 신형 현미경으로 이끼의 구조를 살펴본다는 것이었다. 그렇게 이끼를 만진다고 해서 정말로 이끼와 접촉하는 것은 아니다. 이끼를 만진다고 해서 자연에 존재하는 이끼를 느낄 수는 없었다. 나는 단절을 느꼈다. 순수한 접촉은 없었다. 이끼의 시간도 없었다. 나의 손가락과 이끼층의 포자체 사이에는 수 세기에 걸친 착취와 추출의 시간이 존재했으며, 그러한 시간의 이면에는 인간의 손이, 지나치게 인간적인 손길이 자리하고 있었다.

ⓒ사진: Björn Forenius

접촉이라는 구원

이번 에세이를 작성하면서 집 근처의 물푸레나무를 자주 찾아갔다.
그 나무의 줄기에는 이끼 두 종류가 자라나고 있었다. 하나는
보통줄무늬깃털이끼, 다른 하나는 별 모양의 잎을 가진 주름솔이끼라는
종이었다. 나는 그 이끼를 이틀에 한 번씩 만졌지만, 어떤 생각을 해야
할지, 어떤 말을 해야 할지 알 수 없었다. 나는 이끼의 이야기를 듣고
싶었다. 조용하고 겸손하며 평화로운 그들은 아무 말이 없었다.

'접촉'에 어딘가 구원적인 속성이 있는지 고찰하는 건 아마도
터무니없으며, 심지어 어리석은 생각인지도 모른다. 그런데 만약
상호주관적인 인지 감각으로서의 촉각 자체가 퇴화한다면, 언제나
무언가와 접촉하고 있는 우리의 신체와 자아는 어디에 남을까? 나는 이
질문을 끝까지 파헤치고 싶다. 접촉의 역사로 설명할 수 없는 접촉도
있기 때문이다. 촉각에 대한 인간의 능력과 그 능력의 실존적이고
불안정하며 육신적인 속성을 역사만으로는 설명할 수 없다. 그것은
딜레니우스가 어떤 상황 속에서도 옥스퍼드에서 활기찬 시절을
보낼 수 있게 해줬던 바로 그런 종류의 접촉이다. 작가인 리처드
펄트니(Richard Pulteney)는 1790년에 영국의 식물학 역사에 대해 쓴
글에서 딜레니우스를 "은둔자"라고 표현했다. 어떤 편지에서는 그가
"균류를 그리느라 바쁘다"고 설명하기도 했다. 그는 자연과 접촉하느라
바빴다.

인간의 몸에 내재된 폭력성을 끊임없이 상기시키는 접촉도 있다.
그것은 우리를 과거로, 예전의 바위투성이 지형으로 다시 데려가는
접촉이다. 아이였을 때 나는 친구들과 술래잡기 놀이를 하곤 했다. 이
놀이의 규칙은 술래 한 명이 다른 아이들을 쫓아가서 손으로 터치하는
것이었다. 이 놀이를 할 때는 친구들을 향해 전력으로 질주하는 것과

애타는 손바닥으로 친구들을 때리는 것 사이에서 미묘한 줄타기를 해야만 했다. 쉽지 않은 놀이였고, 게임을 할 때마다 몇 명이 다치기도 했다. 그렇지만 우리는 결국 한 가지 묘책을 찾아냈다. 다른 아이를 아프지 않게 건드려야만 터치로 인정한다는 것이었다.

조심스러운 손길로서의 접촉도 있다. 우리는 맨살로 타자와 접촉할 때 스스로를 노출시킨다. 인간은 물론이고 인간이 아닌 존재들에게도, 그리고 우리들 스스로에게도 그렇다. 메를로-퐁티는 접촉이라는 행위가 인지자와 피인지자로 구성된다고 설명한다. 인간이 아닌 존재와 접촉하고 있으면 나는 몇 번이고 계속해서 그 세계로 내던져지고, 그 후에는 매번 접촉하기 전의 자신과 재결합해야 한다. 이처럼 지속적인 분리와 재결합의 과정에는 나 자신이 과거의 나인지, 혹은 미래의 나인지를 확신할 수 없는 생성적 순간이 존재한다. 나는 사람인가? 나는 이 세계의 일부인가? 나는 바뀔 수 있는가?

만약 우리가 자연과 접촉할 때 단순히 연결되기만 하는 것이 아니라, 무언가와 연관된, 역사적인, 이상적인 접촉을 하게 된다면, 접촉은 복잡하고 층위적이며 탄력적인 감각 인식으로 다시 개념화될 수도 있을 것이다. 어쩌면 그 반대일 수도 있다. 접촉이 처음부터 일차원적이며 즉각적인 경험을 제공했다는 것이 아니다. 우리의 역사와 현재의 우리가 그렇게 만들었다는 것이다. 접촉이 표면적인 행위로 보일 수도 있지만, 그것은 허구다. 비인간과 인간 사이 관계의 역사가 접촉을, 근본적인 상호성과 과거부터 현재까지를 모두 고려할 수 있는 접촉의 잠재력을 지웠을 수도 있다. 나는 접촉이라는 행위를 비인간 세계와의 소원한 관계에 대한 치유가 아니라, 그 세계와 우리 세계를 향한 열린 마음의 표현으로 배양하고 활용할 수 있을지 궁금하다. 영어의 접촉(touch)은 오래된 프랑스어에서는 토슈(toche)에 해당한다. 이는 세계 때림, 또는 공격을 의미하기도 한다. 억지로

비집어 여는 행위로서의 접촉인 것이다.

　　봄이 오기 직전, 나는 숲으로 산책을 나갔다. 통나무가 예전보다 더 많이 쓰러져 있었다. 붉은색 줄기와 솜털 같은 잎사귀에서 반짝이며 자라는 종인 나무이끼가 숲의 바닥에서 희미하게 빛을 발하고 있었다. 나는 션 휴이트(Séan Hewitt)의 〈야생 마늘(Wild Garlic)〉이라는 시의 한 구절을 떠올렸다. "세상은 어둡지만 / 숲은 별로 가득하다." 집으로 걸어서 돌아오는 길은 우울했다. 하늘에 구름이 잔뜩 껴 달도 보이지 않았기 때문이다. 나는 재킷에서 열쇠를 꺼내다가 놓쳐 그만 바닥에 떨어트리고 말았다. 가로등 불빛 아래에 은이끼가 열쇠를 품은 채 밝게 빛나고 있었다. 이끼는 우리 집 현관에 살고 있는 지구의 기억이다. 나는 그들을 안쪽으로 맞이해야 한다. 이끼를 만지고 나를 되돌려야 한다. ❂

시끌북적 사무실

(1)강경민 커뮤니티 매니저 : 새해엔 새로운 곳에서 재밌는 경험을 하고 싶어요!

(2)이다혜 에디터 : 겨울이 다 가기 전에 눈이 많이 왔으면 좋겠어요!

(3)김혜림 에디터 : 핸드크림 얼마나 바르세요? 저는 10초에 한 번 정도?

(4)신아람 디렉터 : 숍 방문&인스타 인증한 선착순 500분께 스레드를 드려요!

(5)이연대 CEO : 새해 복 많이 받으세요.

(6)이현구 선임 에디터 : 트위터도 중국도 자꾸 업데이트할 게 생겨 힘들었어요.

(7)홍성주 커뮤니티 매니저 : 2023년에는 더 많은 기록을 남길래요!

(8)정원진 에디터 : 새해 결심은 하지 않겠습니다. 너무 춥기 때문에.

(9)이주연 인턴 : 나이 먹는 건 싫지만 떡국은 좋아요!

(10)조영난 오퍼레이팅 매니저 : 북저널리즘 응원합니다! 화이팅!

(11)권순문 디자이너 : 연말에는 적당히 마시자구요~ 취한다 ㅋㅋ

(12)김지연 리드 디자이너 : 표지에 뉴진스랑 혜림님 있지롱~

새해 복 받기 어려워

새해 복 많이 받으세요, 여러분.

여러분 새해 복 많이. 젓지 말고 흔들어서.

자 그럼 다음 회의~

???????????

새해 복을 흔들어~? 받기 싫다는 말인가!? 이것이 Z세대!?

아람은 새해 복을 흔들 수 없었다.

달콤한 환상, 제로칼로리

제로칼로리 음료를 좋아하는 지연

이번 주 북저널리즘에 "달콤한 환상, 제로칼로리"콘텐츠가 올라왔네요.

지연님, 이번 주 콘텐츠보셨어요?

달콤한 환상 콘텐츠요.

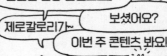

제로칼로리가

보셨어요?

이번 주 콘텐츠 봐요!

안 마실게요.

지식과 경험의 축적이 새로운 관점과 만날 때 혁신이 일어납니다. 동료들과 같은 책을 읽고
대화를 나누면서 업무에 곧바로 적용할 만한 아이디어가 떠오르기도 하고, 잘 모르던 분야의
뉴스를 읽다가 오래 고민하던 문제의 해법을 발견하기도 합니다. 좋은 지식 콘텐츠는 개인의
성장과 팀의 문제 해결을 돕습니다. 깊이와 시의성을 두루 갖춘 지식정보 콘텐츠로 팀의 업무
역량을 키우고 성과를 향상시켜 보세요.

《스레드》 구독 문의 thread@bookjournalism.com